Zu diesem Buch Die wahren Wunder befinden sich um uns herum – wir müssen sie nur wahrnehmen können. Was Kinder staunen läßt und Erwachsenen noch viele neue Informationen bringt, hat der bekannte Kinder- und Jugendbuchautor in seinem Buch über die vier Elemente zusammengetragen: Spannende Lesegeschichten, überraschende Informationen und Umwelthinweise, interessante Spiele und Experimente, Vorschläge für Exkursionen und Ausflüge. Parallel zum Erscheinen des Buches strahlt der WDR eine mehrteilige Sendung in seinem Schulfernsehprogramm aus.

Harry Böseke, Jahrgang 1950, lebt mit Frau und drei Töchtern im Oberbergischen Land. Er studierte Sozialpädagogik und leitete Jugendzentren in Köln. Seit 1974 hat er fast 30 Bücher (Auswahlliste zum Deutschen Jugendliteraturpreis 1986), Hörspiele, Filmdrehbücher und Theaterstücke geschrieben, in der Reihe «Mit Kindern leben» erschien «Geschichtenzirkus. Schreib- und Sprachspiele für Eltern und Kinder» (rororo Nr. 9557). Er kommt gern zu Lesungen.

Anregungen und Kritik bitte an folgende Adresse: Büro für wissenschaftliche Publizistik Dr. Horst Speichert, Teutonenstr. 32 b, 65187 Wiesbaden. Hier erhalten Sie auch gegen Voreinsendung eines frankierten DIN-C6-Umschlags einen Prospekt der Reihe «Mit Kindern leben».

Harry Böseke

Feuer – **Erde** – Wasser – Luft

Mit Kindern die Elemente entdecken

Mit Fotos
von
Knut Jähnert
und
Illustrationen
von
Klaus Pitter

rororo
Rowohlt

rororo Mit Kindern leben
Herausgegeben von Bernhard Schön und Horst Speichert

Redaktion Bettina Mähler und Bernhard Schön

Originalausgabe
Veröffentlicht im Rowohlt Taschenbuch Verlag GmbH,
Reinbek bei Hamburg, Januar 1996

Umschlaggestaltung Peter Wippermann / Jürgen Kaffer
(Foto © Fotex / Koenig)

Layout und Typografie Iris Farnschläder
Satz Minion und Avenir PostScript, QuarkXPress 3.3
Gesamtherstellung Clausen & Bosse, Leck
Printed in Germany
2490-ISBN 3 499 19732 4

Inhalt

Vorwort

Feuer – Erde – Wasser – Luft. So heißt ein Kinderspiel. Aber so nennen wir auch die Grundelemente unseres Lebens. Wie Menschen in früheren Zeiten mit ihnen umgegangen sind, heute und vielleicht morgen mit ihnen umgehen werden, das habe ich hier aufgeschrieben. Und manches ist ganz schön spannend.
Auf diesem Bild seht ihr meine Familie: meine Frau Heidi, mich und unsere Töchter Tina, Anna und Lisa.
Mit ihnen habe ich manche Geschichten dieses Buches erlebt.
Seit vielen Jahren schreibe ich Bücher für junge und ältere Menschen. Aber gibt es da denn einen Unterschied? Ja, es gibt ihn. In diesem Buch aber – so glaube ich – kommen alle auf ihre Kosten. Es gibt Sachgeschichten und Lachgeschichten. Rätsel und Spiele. Tänze und Lieder. Experimente und Fotos. Auf einigen sieht man Kinder der Grundschule unseres Dorfes Müllenbach – und das liegt 50 Kilometer östlich von Köln – ziemlich hoch im Bergischen Land. Auch dort haben die Menschen schon früh die Natur beobachtet und herausgefunden, daß man das Feuer, die Erde, das Wasser und die Luft sinnvoll nutzen kann. Und wenn wir sorgsam mit ihnen umgehen, dann werden wir noch lange Freude mit ihnen haben.

Harry Böseke, im Sommer 1995

Feuer

Am Anfang war das Feuer ...

Wie die Planeten entstanden sind und das Leben auf der Erde – Genaues weiß man nicht. Die Entstehung der *Welt* liegt im Dunkeln. Aber sicher war das Feuer dabei ...

Feuer fasziniert uns. Wir wissen aber auch, daß Feuer sehr weh tun kann.

Feuer schafft Leben. Feuer ist Leben.

Als einziges Lebewesen lernte der Mensch, das Feuer zu zähmen... Aber hat er es immer im Griff?

Ich habe mir neulich was anhören müssen. Meine Frau sagte zu mir: «Sitz nicht die ganze Zeit im Sessel. Soll ich dir erst Feuer unterm Hintern machen? Geh nach draußen, hole Holz und zünde damit den Kamin an. Es ist kalt!»

Ich rieb mir die Hände, spürte, wie sie sich erwärmten, nahm ein Beil und schlug Äste vom Baum und diese dann auf einem Holzbock klein und kleiner. Die brachte ich zum Kamin, feuerte ihn an, nahm im Sessel gemütlich Platz und griff zu meinem Lexikon. Was eigentlich ist Feuer?

Beim Blättern kam mir der Gedanke, daß ich für das Feuer Holz eines Baumes genommen hatte, der in der Erde gewachsen, vom Wasser genährt und von der Luft bewegt worden war. FEUER – ERDE – WASSER – LUFT. Alles paßt doch zusammen – dachte ich und schlug das Lexikon unter *Feu* auf.

«*Feuer* – die unter Licht-, Wärme- und Flammenentwicklung stattfindende Form der Verbrennung. Das Feuer ist wohl die erste Kulturerrungenschaft des Menschen und über die ganze Erde verbreitet. Über seine Entdeckung berichten zahlreiche Sagen. Die Schwierigkeit der Entzündung neuen Feuers führte zur dauerhaften Unterhaltung einer Feuerstätte.»

Ich legte mich behaglich zurück. Das Feuer erlosch. Aber ich hatte ja Streichhölzer. Die beste Erfindung war wohl, daß man das Feuer immer wieder neu entzünden konnte.

Feuer ist segensreich und gefährlich. Als einziges Lebewesen lernte der Mensch, die Flammen zu zähmen. Aber er war es auch, der die zerstörerische Kraft dieses Elementes noch weiter steigerte. Die Überlegenheit des Menschen über die Tiere ist mit der Beherrschung des Feuers zu erklären. Die grelle, lodernde Flamme hielt die Raubtiere von den Lagerstätten der Menschen fern.
Mit der Flamme lernte man rösten und garen, und dadurch stieg auch die Lebenserwartung des Menschen. Denn mit Feuer behandelte Speisen lassen sich besser verdauen. So wurden die Menschen auch älter. Funde von Tierknochen beweisen, daß schon vor 1,3 Millionen Jahren der Mensch das Feuer beherrschte, um damit zu kochen und zu garen. Sicher ist diese Kunst noch älter... viel, viel älter.
Feuer – das ist mehr als nur der Verbrennungsprozeß. Feuer schafft Neues, ist Vernichtung und Lebensstoff zugleich. Das Grimmsche Wörterbuch charakterisierte dieses Element vor 130 Jahren so:
«Feuer, unter allen elementen das lebendigste, wurde als thier gedacht, das gebunden liegt, aber entbunden und geweckt werden kann und dann ausgeht, schreitet, springt, greift und raubt, um seinen unersättlichen hunger zu stillen ...»

Das Feuer ein Tier? – Dabei gibt es doch Bräuche, bei denen Feuer den Tieren schadet.
An manchen Orten ist es Brauch, Ostern ein großes Feuer zu entzünden. Schon wochenlang vorher werden die Reisige und Holzabfälle aufeinander geschichtet, und mancher «Haufen» wächst sich zur Größe eines Hauses aus. Häuslich haben es sich in ihm hier vielleicht auch Igel gemacht, Kaninchen und andere kleinere Tiere.
Gewissenhafte Menschen achten deshalb darauf, daß der Holzstapel nicht zum «Scheiterhaufen» wird. Dies kann durch einen kleinen Zaun geschehen. Oder aber man baut den Holzhaufen erst am Tag des Abbrennens auf, oder man schichtet ihn vor dem Abbrennen noch einmal um. Denn kleinere Tiere lieben zwar die Wärme dieser Behausung – nicht aber das Feuer.

Einst war das Osterfeuer übrigens als Schutz vor bösen Geistern und als Vorbote der erwachenden Natur gedacht.
Heute muß man sich fragen, ob solch ein Brauch noch zeitgemäß ist. Riesige Mengen an Sauerstoff werden durch ein Feuer verbraucht. Auch wenn es schön anzusehen ist – ich finde es nicht immer sinnvoll, alte Bräuche, die früher einmal bedeutsam waren, neu aufleben zu lassen.
Ein anderer Brauch ist heute in manchen Gegenden zu finden: Zu Weihnachten gehen Menschen in die Christmette oder den Frühgottesdienst. Damit sie im Dunkeln den Weg finden, haben sie vorher schon dünne Birkenstämme geschlagen. Daraus bauen sie sich Fackeln. Natürlich brennen solche Stämme nicht. Deshalb haben sie diese an einer Seite bis zur Hälfte aufgespalten und beim Bäcker auf dem Backofen getrocknet. Ein herrliches Schauspiel in der dunklen Christnacht …

Brauchtum ist heute nicht immer gefragt

Der Kerzentanz

Dieser Tanz kommt aus Griechenland. Man braucht für ihn eine große Kerze, die in der Mitte des Raumes auf dem Boden steht.

Die Tanzenden stehen um die Kerze herum und halten sich an den Händen. Das Licht im Raum ist abgedunkelt. Vorher hat man eine Musik ausgesucht, die einen Dreivierteltakt vorgibt. Lang-kurz-kurz wäre der Rhythmus, etwas schneller als beim Walzer.

Dann gibt der Spielleiter vor, was zu tun ist.

1. Linker Fuß mit Gewicht vor zur Kreismitte.
2. Rechten Fuß leicht an den linken Fuß stellen und dazu mit den Knien kurz 2 x wippen.
3. Rechter Fuß mit Gewicht wieder zurück.
4. Linken Fuß leicht an den rechten Fuß stellen und wiederum kurz 2 x wippen.
5. Rechter Fuß mit Gewicht nach rechts.
6. Linken Fuß leicht an den rechten Fuß stellen und wieder wippen.

(Nach Eckart Bücken: Hören, was der Tag erzählt. Offenbach 1995, S. 65. Burckardt Verlag)

Mit Feuer werden auch Hufeisen geschmiedet.
Und davon möchte ich jetzt einmal erzählen.

Hufeisen bringen Glück… Kinder entdecken eine alte Schmiede

Seit Claudia ihre Pferde auf der Weide neben der alten Dorfkirche hält, sind meine Töchter immer wieder bei ihnen. Sie striegeln die Tiere und kratzen die Hufe aus. Ab und an gibt es ein Leckerchen… für die Pferde natürlich.

Schon von weitem rufen Anna, Lisa und Tina ihre Pferde. «Flämmchen, Blitz, Sternchen!» Da stößt Anna plötzlich an einen harten Gegenstand.
«Seht mal, ein Hufeisen!»
«Hufeisen bringen Glück!» meint Lisa. «Sagt man so!»
«Aber wenn du es über deine Tür hängst, dann mußt du es umgekehrt aufhängen, also mit der Öffnung nach oben, damit das Glück nicht herausfällt!» weiß Anna.
Lisa wundert sich: «Wer so ein Hufeisen gebogen hat, der muß stark gewesen sein!»

«Stark!» Tina lacht. «Der hat das doch nicht einfach so gebogen!»
«Hatte der denn Maschinen?»
«Maschinen und Feuer!» sagt Tina.
«Feuer?» wundert sich jetzt auch Anna.
«Ja, Feuer. Papa war schon mal mit mir im Hammerwerk. Kommt – morgen besuchen wir Herrn Binczyk!»
«Winzig?» fragt Lisa. «Ist das so ein kleiner Mann?»
«Nein», lacht Tina, «ein ganz großer Mann, der leitet das Schmiedemuseum.»

«Das sieht ja hier aus wie in einem Pferdestall!» wundert sich Anna, als wir am Museum ankommen.
«Und wo sind die Pferde?» Lisa ist neugierig. Aber da hat sie schon Herrn Binczyk an einer Schmiede-Esse entdeckt. Eine Esse – das ist ein offener Ofen, ein Kamin, an dem gearbeitet wird. Der Schmied schlägt mit einem großen Hammer auf ein flaches Eisen ein.

«Guten Tag, wie wird so ein Hufeisen, wie es da hängt, eigentlich gemacht?» Lisa zeigt auf eine Reihe von Hufeisen.
Der Schmied schaut sie freundlich an. Unter seiner Schutzbrille kann man die Augen im Widerschein des Feuers funkeln sehen. «Ja, das ist eine gute Frage. Ein Hufeisen wird aus einem flachen Stück Eisen gefertigt. Man schneidet hier ein Stück Flacheisen von einer Stange ab, macht das dann glühend, in einer Esse, in einem Ofen also, wie du hier siehst.
Ofen heißt das bei euch zu Hause, hier heißt es Esse, und die Esse ist offen und der Ofen zu. Und jetzt muß ich mit dem Fuß treten und Luft erzeugen, sonst geht das Feuer aus, und ich muß doch jetzt Temperatur haben, 900 Grad. Und darum trete ich hier am Blasebalg. So, das hier ist ein großes Schwungrad, und das da ist der Blasebalg. Damit wird angeblasen. Und dieses Stück Flacheisen lege ich jetzt in das Feuer. Wenn es rotglühend ist, nehme ich es mit der Zange heraus…!»
Lisa wundert sich. «Ist die Zange dann nicht auch heiß, ich meine, steckt das nicht an?»

«Nein, so schnell nicht», lacht Herr Binczyk, «aber siehst du, das Flacheisen kann ich jetzt umbiegen. Dafür habe ich hier ein Horn, damit es auch die Form kriegt, und wenn es jetzt krumm gebogen ist, muß ich das Eisen stempeln. In diesem Hufeisen, das dort hängt, sind ja vier Löcher im vorderen Teil. Ein Eisen lochen, das heißt in unserer Sprache ‹stempeln›. Da nehme ich einen Dorn, ein – wie soll man sagen – ein dickes, spitzes Stahlstück, und muß dann mit dem Hammer feste hauen … und wenn das erste Loch drin ist, setz ich den Dorn an der nächsten Stelle an.»

«Das Eisen wird doch zwischendurch kalt!» meint Lisa.

Aber Herr Binczyk weiß auch dazu etwas zu sagen.

«Natürlich kann man das Eisen nicht im kalten Zustand verformen, rotglühend muß es sein, und deshalb muß ein Schmied zügig arbeiten. Ich muß darauf achten, daß die Nägel etwas vertieft sind. Sonst läuft das Pferd die Nägel ab, und dann ist es schnell passiert: Plumps, fällt das Hufeisen von den Füßen des Pferdes. Also müssen die Nägel vertieft sein.

Danach muß ich noch die Stollen anbiegen. Dazu muß ich das Eisen noch einmal in die Glut bringen und dann an den Seiten umkrempeln. Von vorne kommen dann zwei Kappen dran. So etwas hat man auch vorne im Schuh drin, damit die Zehen nicht verletzt werden. So ist das beim Pferd auch. Der Huf ist dünn und empfindlich, auch wenn er dick aussieht. Und er ist sehr weich, so daß er, wenn er gegen etwas Hartes stößt, verletzt wird. Und deswegen muß der Huf geschützt werden.»

«Und was macht das Feuer?» Anna hat sich dazugesellt. «Was ist eigentlich Feuer?»

«Tja, das sind gute Fragen.» Der Schmied überlegt. «Feuer ist für uns lebenswichtig. Ohne Feuer kann ich kein Essen kochen, kann kein Eisen glühen, kein Eisen schmelzen. Überhaupt: Ohne Feuer kann ich als Schmied nichts herstellen. Also – das Feuer ist eine Grundlage zum Leben. Und bei mir hier, in der Hufschmiede, ist es so, daß ich mit dem Feuer das Eisen glühend machen, es verformen kann. Seht mal hier, unter der Esse, da ist Holzkohle. Die Holzkohle habe ich vor zwei Jahren selber hergestellt. Sie ist aber teuer. Normalerweise nimmt man die Steinkohle, wie man sie im Ruhrgebiet findet.»

«Und was kann man mit Feuer noch alles machen?» fragt Anna.

«Ja, ich kann im Feuer das Eisen schmelzen, ich kann wärmen, glühen, schmelzen. Über 1000 Grad Celsius Temperatur kann ich im Feuer erzeugen – durch Zugabe von Luft. Also Luft hat einen Sauerstoffanteil, und wenn der mit dem Kohlenstoff reagiert, dann brennt es lichterloh. Je mehr Sauerstoff in den Kohlenstoff reingeblasen wird, um so höher wird die Temperatur. Und wie krieg ich die Luft ins Feuer? Also, ich muß hier treten, damit der Blasebalg Luft in die Flamme strömen läßt …»

Anna wundert sich, daß sich Feuer und Luft so gut ergänzen. Und Lisa ist überrascht, daß der Blasebalg durch ein Wasserrad angetrieben wird. «Feuer und Wasser, das verträgt sich doch nicht!»

«Oh, das waren schon immer Feinde. Die sind immer auf Kriegsfuß gewesen. Anders ist es hier bei uns. Wir haben das Wasser und das Feuer gezähmt. Das Feuer ist in einer Feuerschüssel drin, das kann nicht raus, es brennt begrenzt, weil die Kohle weiter weg ist. Und das Wasser haben wir durch eine Staumauer vom Feuer ferngehalten. Das Wasser dreht ein Wasserrad an, und dieses treibt über Riemen den Blasebalg. Und der wiederum bläst das Feuer an.»

«Komisch!» meint Anna. «Aber irgendwie ist das doch logisch. Man hat hier alles. Wasser und Luft und Feuer – und Eisen? Das Eisen auch?»

«Auch Eisen wurde hier gefunden, es lag ziemlich dicht unter der Erdoberfläche. Beim Pflügen traten braune Erzteile nach oben. Und weil man dies unter dem ‹Rasen› gefunden hatte, nannte man es ‹Raseneisenerz›. Und davon gibt es in unserer Umgebung eine Menge. Schon im frühen Mittelalter war hier ein großes Industriegebiet, das entwickelte sich schon im 8. Jahrhundert nach Christi. Die besten Voraussetzungen waren hier gegeben, denn wir leben ja in einem Mittelgebirge. Hier ist es ziemlich buckelig und waldig. Den Wald brauchte man früher für die Holzkohle. Für das Glühen und das Schmelzen

Schmiedefeuer im Bremecker Hammer

des Eisens. Und ein weiteres Element war auch hier: das Wasser. Es gibt hier viel Regen und viele Bachläufe, und dadurch können wir die Wasserräder betreiben. Voraussetzung ist natürlich, daß man das Erz im Berg und unter dem ‹Rasen› hat. Dieses Eisenerz wurde manchmal in ganz einfachen Öfen geschmolzen, es wurde mit Hämmern in die Länge gereckt, und diese Stangen wurden zu Spaten, zu Zangen, zu Feilen verformt.»
«Und zu Hufeisen!» setzt Lisa nach.
Meine Kinder sehen sich den Maschinenhammer an. Aber was gab es davor?
Herr Binczyk kennt sich aus. «Der älteste Beruf in unserem Gewerbe ist der Handschmied. Danach kam der Schmied, der den Wasserhammer benutzte – einen Hammer, der mit der Kraft des fließenden Wassers angetrieben wurde. Wichtig ist, daß ein großes Gewicht, ein Hammer, das heiße, weichgemachte Eisenstück verformte. Je schwerer der Hammer ist und je weicher das glühende Eisen – ihr könnt es euch sicher vorstellen –, desto schneller geht das Verformen vor sich.»

Ganz stolz ist Herr Binczyk auf den Wasserhammer. Deshalb wurde sein Hammerwerk auch zu einem Museum. Immer wieder besuchen Schulklassen die kleine Fabrik. Aber an manchen Tagen wird es besonders laut im verlassenen Tal der Verse bei Lüdenscheid. Dann ist der Schmied ganz in seinem Element.
«Ja, an zwei Wochenenden im Jahr wird das Museum noch einmal so richtig lebendig. Wir zeigen, daß alte Berufe noch nicht ausgestorben sind. Da ist zum Beispiel ein Feilenhauer, der ist 93 Jahre alt, der älteste Feilenhauer. Und der freut sich, bei den nächsten Schmiedetagen wieder zu zeigen, was er gelernt hat. Dann werden auch Pferde beschlagen. Und wie ich euch kenne, seid ihr begeisterte Reiterinnen?»
«Aber klar doch!» Da sind sich meine Töchter einig.
«Dann werden die Pferde beschlagen. Und wenn einer fragt, warum man dem Tier so lange Nägel in den Huf haut, sage ich: Jedes Pferd ist ein Original. Jedes Pferd hat seinen eigenen Huf, sein eigenes Hufeisen, seine eigene ‹Schuhgröße›!»
«Und das Feuer hilft Ihnen dabei!» stellt Lisa fest.

«Jetzt weiß ich endlich, wie das Hufeisen gemacht wird, ich meine, wie das geht…!»
«Wie das Pferd drauf geht, meinst du wohl!» verbessert Anna.
Und als der Schmied den Mädchen ein Hufeisen schenkt, meint Tina: «Da haben wir ja Glück gehabt!»

Feuertiere

Pferde können, wenn sie sehr heißblütig sind, «feurig» sein. Man spricht ja auch von «feurigen Rossen».
Manche «feurigen Tiere» leben auf unserer Erde. Viele im Wasser, andere in der Luft. Und über diese Lebewesen schrieb Carl Zuckmayer:

«Aber die Sonne kroch täglich mit stärkerem Brand in diesem Jahr ihre Bahn, die niemals von Wolkenzügen oder feuchten Nebelschwaden durchkreuzt wurde. Manchmal hing sie morgens hinter dünnen Dunstschleiern, wie ein gefräßiges Spinnentier im fahlen Netz. Dann aber brach sie stets wieder durch mit gewaltigem, fressendem Feuer...!»

Und:

«Immer wärmer durchstrahlte die Sonne das kleine Gewässer, wachte das tausendfache Leben auf... Tiere wanderten dem Tümpel zu aus den mählich austrocknenden Schmelzbächen. Bergmolche, Feuersalamander, die unter Steinen und in morsche Baumstrünke verwühlt überwintert hatten...»

(Carl Zuckmayer: Die Geschichte vom Tümpel, in: Die Erzählungen. Frankfurt/Main 1952, S. 35 ff. S. Fischer Verlag)

Über den Feuersalamander habe ich mir mal Gedanken gemacht.
Aber am Schluß fehlten mir die Worte. Helft ihr mir?

Der Feuersalamander

Der Feuersalamander sprach:
Mein Name stimmt nicht, welche Schmach:
Ich hasse doch die Flammen,
würd sie am liebsten rammen!

Da kam ein Kormoran
und setzte ganz leis an:
Du bist ein gutes Tier,
ganz sicher – sag ich Dir.

Da sagt der Salamander:
Ich würd so gern auswandern.
Selbst wenn ich spuckte Feuer,
wär ich ein Ungeheuer?

Da sprach der Kormoran:
Das dichtet man dir an,
du hast nur eine Haut,
die aus wie Feuer schaut.

Der kleine Salamander,
die Sinne beieinander:
Ich bring der Menschheit Schrecken,
ich sollte mich verstecken.

«Nein!» sprach der Kormoran.
Tu Dir das bloß nicht an.
Das Feuer ist doch eine Kraft,
die immer neues Leben schafft.

Drum sag gern Deinen Namen.
Fall gern mal aus dem Rahmen.
Der Mensch stört Deinen Lebensraum,
und schlafe jetzt. Träum Deinen Traum!

Der Salamander schlief dann ein
und hüpfte träumend auf dem Bein.
Er streichelt seine warme Haut,
die hat sein Feuer aufgetaut.

Die Erde strahlt im neuen Glanz.
Die Freunde drehen sich beim Tanz,
ganz sicher eine ganze Nacht,
bis einer dann das Licht …

Der Wald ist bedroht

Feuer – da stellt sich so mancher das gemütliche Herdfeuer vor. Wer aber schon einmal in der Natur Wälder brennen sah, der wird alles andere als Gemütlichkeit im Kopf haben.
Jährlich schrecken uns Brände auf – in Urlaubsländern Südeuropas. Riesige Waldflächen sind dann oft in kurzer Zeit verschwunden. Und an anderer Stelle legt der Mensch das Feuer ganz bewußt. So werden, um mehr Weideflächen für Rinder (weil: mehr Fleisch für Hamburger) zu gewinnen, allein in Südamerika 400 000 Quadratkilometer jährlich vorsätzlich durch Brandrodung vernichtet.
Die gewaltigen Mengen Holz, die verbrennen, verändern unser Klima. Kohlendioxid, das bei jeder Verbrennung entsteht, vermehrt sich zusätzlich um mehrere Milliarden Tonnen. Riesige Mengen Stickstoff gehen verloren, und dieses Element ist für den Kreislauf der Natur unbedingt notwendig. Außerdem beeinflussen die Rauchschwaden die Wolkenbildung und halten die Sonnenstrahlung ab.
Auf Feuer reimt sich das Wort teuer. Es kann uns Erdenkinder und unsere Nachkommen sehr, sehr teuer zu stehen kommen, wenn wir das Feuer nicht zum Nutzen, sondern zum Schaden der Natur und damit auch der Menschen einsetzen.

Merksätze

An einem Tag wird durch vorsätzliche Brandstiftung eine Regenwaldfläche vernichtet, die so groß ist wie 25 000 Fußballfelder.

An einem Tag werden allein in Deutschland 2,5 Millionen Tonnen klimaschädliches Kohlendioxid in die Luft geblasen.
Wie viele Lastwagenladungen sind das wohl?

An einem Tag werden weltweit 20 Millionen Tonnen Erdöl, Kohle oder Erdgas für die Erzeugung von Energie verbrannt.

Merksätze

Der Regenwald – die «grüne Lunge» – kann etwas ganz Besonderes. Er spaltet das Klimagift Kohlendioxid in Kohlenstoff und Sauerstoff auf. Durch diese Tätigkeit der Bäume wird der Sauerstoff wieder an die Atmosphäre zurückgegeben.

Durch das Verbrennen der Wälder wird dagegen das Treibhausgas Kohlendioxid freigesetzt. Viele Klimaforscher sagen als Folgen voraus: Erwärmung der Erdatmosphäre und dadurch Eisschmelze an den Polen. Auch Wirbelstürme können dadurch entstehen.

Mit dem Wald stirbt der Lebensraum für etwa 50 Millionen Tier- und Pflanzenarten. Das ist die größte Vernichtung seit dem Aussterben der Saurier.

Mit dem Wald stirbt auch immer mehr Lebensraum der Naturvölker: der Indianer, Penan, Dayaks. Sie müssen vor dem Feuer flüchten. Wohin?

Der Regenwald ist einer der wichtigsten Wasserspeicher unseres Erdballs. Ohne diesen «Speicher» gäbe es Überschwemmungen, die in den Tropen den Lebensraum von zwei Milliarden Menschen bedrohen könnten. Der ungebremsten Wasserflut würden Dürreperioden folgen. Und das alles für mehr Weideflächen für Rinder? Das alles für den «Schnellimbiß»?

«Mac Erde ist einfach gut...!» Oder heißt es in der Werbung anders?

Da möchte man in die Luft gehen ...

Wohltätig ist des Feuers Macht – wenn sie der Mensch bezähmt, bewacht. Das schrieb Friedrich Schiller.

Auch glaubte der Mensch schon, den Weltraum zu beherrschen. Bis eine Mission von amerikanischen Astronautinnen und Astronauten beim Start im Feuerstrahl endete.

Das war ein riesiger Rückschritt in der Weltraumforschung.

Von einer Weltraummission berichtet der deutsche Astronaut Prof. Dr. Reinhard Furrer, der ein kleines Tonbandgerät mit in seinen Weltraumanzug installiert hatte. Die Sekunden vor der Zündung der Raketen beschreibt er so:

Elektronische kleine Nervenstränge … alles wartet auf den Start … auf unseren Abgang … Kontrollzentrum … Sechs Minuten und 30 Sekunden to go. Der Start unserer Mission steht unmittelbar bevor.

Etwas später:

Fünf Minuten und 28 Sekunden to go. Ich merke die ersten Vibrationen im Rücken. Irgend etwas passiert, wir haben eigene Power, wir sind allein … Jetzt bekommt der große Heliumtank über uns Druck, der Shuttle erwacht Stück um Stück zum Leben …

Und dann:

Es sind noch zwei Minuten und fünfzig Sekunden … Das einzige, was wir jetzt noch hören, ist unser eigenes Atmen … zwei Minuten to go …

Jetzt gibt es kein Zurück mehr.

Es ist ruhig. Niemand drückt auf den Halteknopf. Wir sind ready to go. One minute, noch 40 Sekunden to go, 38, 35 und 30 … 27 … Es geht los!

Five … four … three … two … ZERO!

Und dann geht's hinaus.

Langsam baut sich der Druck auf. Noch ist es nicht schlimm … Senkrecht in den Himmel … Ein Flug durch die Wolken. Und wenn ich nach links sehe, sehe ich die Erde.

Unser Planet!

Eine Minute 29 Sekunden nach dem Start... noch sieht die Erde blau aus, wenn ich nach links unten gucke, ich sehe die Sonne, eine große Kurve... und jetzt... das waren die Raketen, die jetzt abgetrennt sind...

Das Abenteuer setzt sich fort:

Der Himmel wird schwarz... sechseinhalb Minuten nach dem Start... die Maschinen sind so leise, daß wir sie gar nicht hören... die Stimmen um mich herum werden immer gepreßter, jeder spürt den Druck... Wir sind draußen. Ich weiß nicht, wo unten ist, und ich weiß nicht, wo oben ist.

Die Sichtweisen haben sich verändert:

Zwei Meteoriten fallen auf die Erde. Das erste Mal, daß Meteoriten unter mir sind ...

Erst sehr viel tiefer verglühen sie ...

Vor mir fängt die Erde an zu glühen... Lichtstreifen, es ist so, als reichen sie fast bis zu uns ...

Schließlich:

Der neue Tag bricht an. Der blaue Saum.

Der purpurne Elektronenregen, der ist so schön ...

(Zit. nach: Wenn das, was von der Erde übriggeblieben ist, nur noch die Stimmen im Ohr sind. Reportage aus dem All von Prof. Dr. Reinhard Furrer, WDR-Produktion, Redaktion: Johann M.Kamps, Erstsendung 8.10.1987)

(Prof. Furrer starb am 9. September 1995 bei einem Flugzeugabsturz in Berlin.)

Ruhe bewahren!

Das ist einfach gesagt. Gerade wenn es brennt. Dann ist man in purer Aufregung, und man denkt an alles, nur nicht an Ruhe. Blaulicht an, den Schutzhelm auf, losgerannt im Dauerlauf... Wasser marsch... aber: Ruhe bewahren?

Auch bei anderen Unglücksfällen rückt die Feuerwehr aus:

Alarm, Alarm

a
A - larm, A - larm, A - larm, A - larm,
G
doch die Feu - er - wehr kam und kam und kam und kam und
a a
1. 2.
kam nicht. kam nicht. In ei - nen Git - ter - zaun
d G
hat Mar - kus Braun sein' Kopf ge - steckt, der Kopf steckt
C
fest. Er zip - pelt und er zap - pelt um sich bloß zu be -
F H7 E
frei'n. Das hilft doch nicht. Er kann nur schrei'n.
h7♭5 Mittelteil: gesprochen E
„Das ist nicht ko - misch, Frank", sagt die Mut - ter.
h7♭5 E
„Und wo bleibt bloß die Feu - er - wehr?"

Lied Alarm, Alarm

Text / Musik:
Robert Metcalf

Refrain: Alarm, Alarm! Alarm, Alarm!
Doch die Feuerwehr kam und kam und kam
und kam und kam nicht.

In einen Gitterzaun hat Markus Braun
Sein' Kopf gesteckt, der Kopf steckt fest.
Er zippelt und er zappelt, um sich bloß zu befrei'n.
Das hilft doch nicht, er kann nur schrei'n.

Refrain

Die Mutter weint: «Mein armes Kind!
Warum hast du mir das bloß angetan?
Oh warte, wenn dein Vater von der Arbeit kommt!
Um Gotteswill'n» – und sie beginnt zu brüll'n.

Refrain

«Igitt igitt, was machst du in dem Gitter?»
Fragt sein Bruder Frank schadenfroh.
«Ich hätte eine Bitte, wenn du immer in 'm Gitter bleibst,
Dein' Spielzeugkram – kann ich den ha'm?»

Gesprochen
«Das ist nicht komisch, Frank», sagt die Mutter.
«Und wo bleibt bloß die Feuerwehr?»

Stunden vergeh'n, Leute bleiben steh'n,
Alle mit Rat und Tat für Markus Braun.
Es wird gezogen und geschoben und gehoben und zum Schluß
Ist es ein ganzer Chor, der schreien muß:

Refrain

Es ist schon acht, bald wird es Nacht –
Um Markus wird es dunkel ringsherum.
Der Frank sagt: «Mama, soll ich sein' Pyjama hol'n?
Daß er schlafen geht – denn es ist schon spät!»

Gesprochen

«Das ist nicht komisch, Frank», sagt die Mutter.
«Und wo bleibt bloß die Feuerwehr?»

Tatü tata tatü tata…

Tatü tata, was hör' ich da?
Ja die Feuerwehr kommt, sie kommt, sie kommt,
sie kommt – na endlich.

Und der Feuerwehrmann, so schnell er kann,
Befreit den Markus Braun und sagt ihm dann:
«Ich hätte eine Bitte, laß es bitte mit dem Gitter sein.»
Der Markus nickt, und alle stimmen ein:

Hurra, hurra, hurra, hurra,
Denn die Feuerwehr kam, sie kam, sie kam, sie kam –
Na endlich!
Na endlich!
Na endlich!

Rätselhaftes Feuer. Ein Ratequiz

Nun möchte ich gerne ein kleines Spiel mit euch machen. Einige wenige wichtige Stationen zeige ich hier auf, und zwar von Erfindungen, die Geschichte gemacht haben.
Alle Erfindungen – das will ich verraten – haben etwas mit dem Feuer zu tun.

1. Autos sind nichts anderes als Kraftmaschinen. Benzin oder Dieselöl wird in einem geschlossenen System verbrannt, und durch die Explosion werden Kolben bewegt und damit die Räder angetrieben.
Die Kraftmaschinen des Altertums waren Menschen (Sklaven) und Tiere. Welches Tier hat der Arbeitsleistung eines Motors den Namen gegeben?

a) Der Esel (Tragesel).
b) Der Ochse (Ochsentour).
c) Das Pferd (Pferdestärke/PS).

2. Neben den einfachen Werkzeugen wie Faustkeil, Hammer und Meißel entstanden schon früh Vorrichtungen, die man als «einfache Maschinen» bezeichnen kann. Welches «Gerät» wird als erste Maschine bezeichnet?

a) Der Handbohrer, der zwischen den Händen quirlartig gedreht wurde und dabei Wärme erzeugte, die wiederum das Feuer entzündete.
b) Der Giftpfeil, der – in den Körper eines Tieres eingedrungen – die «Maschine Tier» außer Kraft setzte.
c) Das «Feuerzeug der Babylonier», welches wie ein mechanisches Feuerzeug heute funktioniert, allerdings ohne Benzin und Gas, sondern mit Rinderdung.

3. Die Kunst der Eisenschmelze war in früheren Zeiten noch nicht ausgereift. Man konnte einfach nicht so hohe Temperaturen erzielen, daß aus dem Erz flüssiges Eisen gewonnen werden konnte. Bis dahin wurde eine zähe, teigartige Eisenmasse «verarbeitet». Warum verschmähte man, als man höhere Temperaturen erzielen konnte, das flüssige Eisen?

a) Weil man dachte, dies sei Teufelszeug, der Geist des Erzbergwerkes sei ausgetreten.
b) Weil man das flüssige Eisen für wertlose Schlacke (Abfallstoff bei der Eisenschmelze) hielt.
c) Weil man annahm, daß man aus Flüssigem niemals Schwerter und Kochgefäße herstellen könne.

4. Die ältesten Kanonen bestanden aus einer gegossenen Metallbüchse und aus einem darangesetzten Rohr, das zuerst noch aus Holzteilen «faßartig» zusammengesetzt war. Welche Weiterentwicklung der Kanone entwickelte in Deutschland einen besonders wichtigen Industriezweig?

a) Die Herstellung von Spielzeugkanonen: Wenn ein Schuß fiel, hörte man eine Spieluhr mit der Melodie von: «Muß ich denn zum Städtele hinaus!»
b) Die Fabrikation von Bronzekanonen – schon um das Jahr 1400 – und von gußeisernen Kanonen.
c) Das Fernsehen! – Münchhausens Ritt auf der Kanonenkugel und die damit verbundenen Einschaltquoten im Fernsehen.

5. Die Buchdruckerkunst gilt als eine der bahnbrechenden Erfindungen. Bis dahin mußten alle Bücher mühselig von Hand abgeschrieben werden. Aus welcher Kenntnis über das Feuer heraus hat Johann Gutenberg in Mainz seine «Erfindung» möglich gemacht?

a) Das Wissen um den Holzschnitt und den Einsatz beweglicher Lettern, wie immer wieder behauptet wird.
b) Das Wissen, daß man erhitztes Metall verformen und damit auch Buchstaben herstellen kann. Und daß sich diese Buchstaben immer wieder kopieren lassen.
c) Das Wissen um den Spaß von Kindern, stundenlang in Schulbüchern herumzublättern und mit Freude fremde Wörter, gar Sätze und Gedichte auswendig zu lernen.

6. Die Eisenindustrie in England war am Anfang des 18. Jahrhunderts noch ausschließlich auf Holzkohlen angewiesen. Mit der wachsenden Eisenerzeugung schwanden die Wälder dahin. Laut begann man die «gefräßigen Öfen» anzuklagen, daß sie den Waldreichtum Englands vernichteten und so das wichtige «Schiffsbauholz» aus dem Ausland bezogen werden mußte. Welcher Stoff wurde dann zum Retter der Wälder?

a) Dampf, Wasserdampf in komprimierter Form.
b) Benzin aus dem Erdöl der Nordsee.
c) Steinkohlenkoks.

7. Zuerst wurde die Dampfkraft auf dem Wasser «heimisch». Der Ausdruck «Dampfer» für ein großes Fracht- oder Personenschiff belegt dies. Aber welcher entscheidende Antrieb ging noch von der Dampfkraft aus?

a) Der Antrieb einer halbautomatischen Käseglocke.
b) Der Antrieb einer fahrbaren Kanone und der Antrieb schwerer Geschütze in Frankreich, den Vorläufern des Autos.
c) Der Antrieb einer Lokomotive, einer fahrbaren Dampfmaschine.

8. George Stephenson erfand die Lokomotive. Sein Versprechen, er wolle eine Lokomotive bauen, mit der man etwa 32 Kilometer in der Stunde fahren könne, wurde als leere Prahlerei verspottet. Daraufhin regte Stephenson einen Wettbewerb an. Er fand am 6. Oktober 1829 bei Rainhill auf einer vollkommen ebenen Strecke von 3 Kilometer Länge statt. Vier Lokomotiven waren im Wettbewerb, unter den Zuschauern befanden sich viele Menschen der industriellen Welt. Welche Höchstgeschwindigkeit konnte Stephenson mit seiner «Rocket» letztendlich erreichen?

a) 25 Kilometer/h
b) 56 Kilometer/h
c) 98 Kilometer/h

9. Schon Ende des 17. Jahrhunderts wußte man, daß das bei trockener Destillation (Erhitzung und Auffangen der Gase) des Holzes und der Steinkohle entstandene Gas brennbar ist. Aber erst hundert Jahre später sollte dieses Gas der Beleuchtung und Beheizung dienen. Im Jahre 1815 waren bereits viele Straßen Londons und anderer Städte in England durch Steinkohlengas erleuchtet.
In Deutschland erleuchtete Lampadius (daher der Name Lampe?) schon 1811 wochenlang den Teil einer Straße in Freiberg/Sachsen. Hannover wurde 1826 beleuchtet. Und wann die Hauptstadt Berlin?

a) Gar nicht, man hatte ja die bekannte «Berliner Luft».
b) 1828.
c) 1888.

10. Der «Zauberer von Menlopark» genannte Erfinder gilt als Genie und als einer der volkstümlichsten Erfindertypen. Eine seiner bedeutendsten Erfindungen ist das elektrische Glühlicht, die Fertigung einer brauchbaren Glühlampe. Mit Feuereifer ging der Mann an die Arbeit, und im Jahre 1879 war es soweit. Wie heißt der Erfinder?

a) Walther Siemens.
b) Thomas Alva Edison.
c) Erwin Müller-Lüdenscheid.

Hinweise zur Beantwortung dieser Fragen erhaltet ihr in speziellen Büchern über Erfindungen – aber auch in Lexika. Dazu müßt ihr nur das richtige «Stichwort» wählen, um nachschauen zu können. Zum Beispiel bei der 8. Frage unter «Lokomotive» oder bei der 10. Frage unter den Namen der «möglichen Erfinder».

Auflösung:

1 c; 2 a; 3 b; 4 b; 5 b; 6 c; 7 c; 8 b; 9 b; 10 b

Feuerwalze

Dieses Spiel dauert etwa eine Viertelstunde, und es sollten bis zu zehn Mitspielende dabeisein, die sich abwechseln.
Die Mitspielenden liegen auf dem Boden – nebeneinander, auf dem Bauch mit dem Kopf in einer Richtung. Der letzte Spieler legt sich quer, also auf die Pos der anderen Spieler, und streckt seine Arme nach vorn. Nun drehen sich die Liegenden, die «Walzen», um die eigene Achse, und der «Obenliegende» wird so weitertransportiert. Natürlich möglichst in eine Richtung. Aber was passiert, wenn Feuer entsteht und eine Walze defekt ist: also starr liegenbleibt oder sich andersherum dreht? Probiert es aus! Wichtig ist, daß die Walzen einen gleichmäßigen Drehrhythmus finden, damit keine Lücken entstehen …

Bei der Feuerwalze geht's ganz schnell rund…

Feuer-Reim

Schreibe das Wort FEUER untereinander. Dann schreibst Du jeweils 5 Wörter hinter das F, das E, das U, nochmals das E und das R: Wörter, die dir spontan einfallen.
Danach wählst du die passendsten Wörter für dich aus. Zum Beispiel habe ich geschrieben:

F Flummi, Flasche, Finnland, Frankreich, falsch
E England, Eier, Eifer, ermattet, eigentlich
U Unfug, Unfall, ungut, Urmel, UFO
E Esel, Erde, Eimer, Ekel, einsam
R rot, rasen, Riesen, Reim, Runkelrübe

Und nun geht es los. Fang mit der ersten Zeile an. Zwei Wörter sollten von deiner Sammlung drinbleiben. So könnte es aussehen:

In einer Flasche steckt ein Flummi.
Eier sind eigentlich aus Gummi.
Der Urmel macht Unfug mit einem Brummi.
Der Esel auf der Erde heißt «Jummy».
Und jetzt werd ich rot, weiß keinen Reim mehr, ich Dummi.

Nicht immer klappt es. Aber durch Umstellen und Verschieben kann es manchmal zu ganz tollen Reimen kommen. Aber muß sich denn alles reimen? Du kannst dir auch eine superkleine Kurzgeschichte aus den Wörtern einfallen lassen.
Eine etwas schwerere Variante ist, daß man zu dem Begriff FEUER lauter Wörter finden muß, die unmittelbar auch mit dem FEUER zu tun haben.

Elementarteilung

Dieses Spiel beruht darauf, daß man aus einem Lexikon verschiedene Sprichwörter auf kleine Karten oder Zettelchen schreibt – aber in Einzelteilen (jede Zeile auf eine Karte).
Alles wird auf dem Tisch bunt gemischt. Die «Elemente» geraten durcheinander. Und wir sind aufgefordert, wieder alles zusammenzusetzen. Da liest man plötzlich einen seltsamen Reim, der sich zufällig so ergeben hat. Ist er richtig?

Kein Feuer, kein Kohle –
aber schlechte Herren –
sind gute Diener –
wenn sie der Mensch bezähmt –

Das kann doch irgendwie nicht stimmen.
Unser Spielmaterial sind die folgenden Sprichwörter:

Anbete du das Feuer,
hundert Jahr';
dann fall hinein,
dich frißt's mit Haut und Haar.

(Johann Wolfgang von Goethe, Zahme Xenien)

Aus Feuer ward der Geist geschaffen,
drum schenkt mir süßes Feuer ein!

(Ernst Moritz Arndt, Feuerlied)

Feuer und Wasser sind gute Diener,
aber schlechte Herren.

(Sprichwort)

Kein Feuer, kein Kohle,
kann brennen so heiß,
als heimliche Liebe,
von der niemand nichts weiß.

(Altes Volkslied)

Wer ins Feuer bläst,
dem fliegen die Funken in die Augen.

(Sprichwort)

(Friedrich Schiller, Die Glocke)

Wohltätig ist des Feuers Macht,
wenn sie der Mensch bezähmt, bewacht.

Die Feuerwehr ist da

Ein Spiel ganz besonderer Art ist mein Feuerwehrspiel. Was kann das schon sein? Nun, wartet ab. Ich habe gerade eine kleine Geschichte für euch geschrieben, sie sollte etwas über einen Feuerwehreinsatz aussagen. Aber beim Schreiben habe ich die Kerze nicht gelöscht, bin beim Grübeln eingenickt, und wie es kommen mußte: Die Feuerwehr kam.
Sie hat aus meiner flammenden Geschichte alle wunderschönen Wörter rausgelöscht. Ich weiß selber nicht mehr genau, was ich geschrieben habe. Aber ihr könnt mir sicher helfen.

Es war noch nicht spät am Abend, da kam ein .... zu mir und bat mich: «Du bist doch Dichter, kannst du mir nicht mal eine Geschichte schreiben über einen ...., der bei einem Feuerwehreinsatz dabei gewesen ist. Ich sagte dem .... : «Gerne, aber ich habe doch kein .... dabei!»
«Macht nichts!» sagte der .... , «ich gehe zu meinem .... und besorge dir einen .... !»
Ich war sehr erfreut und gab dem .... einen .... Das machte ihn aber sehr ärgerlich, denn plötzlich stand nicht er, sondern ein .... vor mir. Ich muß wohl etwas verkehrt gemacht haben. Schließlich kam dann in Windeseile die Feuerwehr aus .... angefahren und hielt die Spritze genau auf mein .... Es dauerte nicht lange, da war mein Haus gelöscht und auch meine Geschichte: Ich wußte plötzlich nicht mehr, was ich alles geschrieben hatte. Helft ihr mir?

Setzt einfach neue Wörter ein.
Variante: Nehmt einen Buchstabenwürfel und würfelt: Mit dem Buchstaben, der obenauf liegt, soll das «neue Wort» beginnen.

Bewerbung bei der Feuerwehr

Wir haben erfahren, daß Mädchen bei der Feuerwehr nicht allzuviel zu löschen, äh, zu sagen haben. Sie hätten natürlich was zu sagen, wenn sie mehrere wären. Und darum sollt ihr euch an einem Spiel beteiligen (auch Jungens dürfen mitmachen), das richtig Spaß macht. Es geht um ein Bewerbungsschreiben an die Feuerwehr.

Dazu braucht jeder der (bis zu 5) Mitspielenden ein weißes Blatt Papier und einen Stift.

Ihr beginnt mit einer Anrede. So zum Beispiel:

Sehr geehrter Herr Oberbrandinspektor!

oder

Hey, Fireman!

Und dann schreibt ihr drunter, als was ihr bei der Feuerwehr anfangen möchtet. Zum Beispiel:

Ich würde gerne bei Ihnen als Schlauchträger anfangen.

Es kann aber auch weniger ernst gemeint sein:

Ich möchte gerne in ihrem Saftladen als Zitronenpresse anfangen, um anderen den Durst zu löschen.

Nun reicht man dem Sitznachbarn linker Hand das Blatt weiter, und alle Zettel machen jetzt die Runde im Uhrzeigersinn ...

Der nächste liest und stellt sich auf die neue Situation ein, ergänzt den Satz um die Information, wo er oder sie das gelernt hat:

Ich habe das im Kindergarten gelernt, da war ich Oberentsafter.

Nun ist so eine Bewerbung etwas Geheimes. Und deshalb knickt vor dem Weitergeben jede/r den ersten Satz weg, so daß nur der letzte Satz noch zu lesen ist. Und weiter geht's so bis zum Spielende.

Weitere Fragen, die beantwortet werden sollen:

- Wieviel Geld will ich pro Brandeinsatz verdienen?
- Wen muß ich von dem Geld ernähren?
- Was kann ich außerdem noch, was für ein Hobby habe ich?
- Was mache ich, wenn ich den Job nicht bekomme?

Zusätzliche Fragen kann man sich ausdenken. Schön ist es, wenn nach fünfmaligem Weiterreichen (bei einer 5er Gruppe) der Zettel wieder in die Hände dessen gerät, der (oder die) die Bewerbung zu schreiben begonnen hat.

Erst leise und dann laut werden die Bewerbungen vorgelesen. Ihr könnt euch vorstellen, daß so mancher Feuerwehrmann oder manche Feuerwehrfrau vor Lachen den Löschschlauch fallenläßt... Aber dafür seid ihr ja jetzt bei der Feuerwehr angenommen. Hoffentlich.

Jetzt braucht so mancher eine Erfrischung. Nach so viel Spielen. Aber Achtung: Muß sie wirklich aus einer Getränkedose kommen? Die allermeisten Dosen werden aus Weißblech und damit aus Eisen hergestellt. Doch auch Aluminium wird verwandt. Und zur Herstellung dieses Metalls braucht man sehr viel Energie.

Nun – bei allem Bemühen klappt es nicht, das Streichholz auszublasen

Kohle und Dose

In einer Stadt, in der vor vielen, vielen Jahren noch Kohle aus der Erde gefördert wurde, fand sich im Schotter des Bahndamms ein kleines, eckiges Stück Kohle. Es muß wohl von einem Güterzug hinuntergefallen sein. Ein unansehnlicher kleiner Brocken, der früher mal eine ganz wunderbare Bezeichnung hatte: das schwarze Gold. Heute aber war er schon verstaubt, und Flechten und Moos hatten sich auf dem Stück Kohle breitgemacht. Jahrelang lag unser kleines Kohlestück nun am Bahndamm, und kein Mensch hätte es wohl je entdeckt.

Eines Tages aber bekam das kleine Kohlestück ungewöhnlichen Besuch.

Die Schulklasse 5 c des Städtischen-Ausflug-Gymnasiums war mit der Bahn unterwegs. Peter, einer der ganz Lauten, wettete mit seinem Freund Roland, daß er seine Cola-Dose ganz, ganz weit aus dem Fenster werfen würde. Er holte Schwung, das Abteilfenster war weit geöffnet... und da kam der Schaffner. Peters Dose plumpste, ohne weit zu kommen, aus der Hand des etwas mutlos gewordenen Werfers genau neben den vergessenen Kohlebrocken.

«Was ist los?» fragte der Kohlebrocken mürrisch. Mußte man ihn gerade jetzt stören.

«Nichts ist los!» antwortete die Dose, auf der ein Fußballwappen abgebildet war, und zwar gerade der Mannschaft, die unser Stück Kohle nun absolut nicht ausstehen konnte.

Beide vergaßen bald das Reden.

Aber dann fragte die Dose:

«Na, schwarzer Klumpen, wie lange liegst du eigentlich schon hier herum?»

«Weiß nicht!» murrte die Kohle. «Jedenfalls war damals Schalke Fußballmeister und nicht deine Mannschaft, ich meine, die bei dir aufgedruckt ist!»

«Und das ärgert dich?» Die Dose lachte. «Man hat mir doch nur zufällig dieses Kleid angezogen, nackt bin ich ein Stück Aluminium. Immerhin Aluminium und nicht Weißblech!» Die Dose war ganz stolz.
«Was bildest du dir denn bloß ein!» sagte die Kohle. «Jede vierte Dose ist aus Aluminium. Welch' eine Energieverschwendung! Aber was hattest du gerade gefragt? Wie lange ich hier liege? Ich kann die Jahre nicht mehr zählen, und wie oft die Sonne über mir aufgegangen ist, kann ich dir nun wirklich nicht sagen!»
Am gleichen Abend strahlte der Mond am Himmel und schien so hell wie tausend Feuer, und irgendwie erschien er der Dose sehr, sehr nah.
«Das ist also die Sonne!» sagte die Dose und fürchtete sich. Sie hatte ein sehr, sehr heißes Feuerbad in Erinnerung, damals, als aus dem Erz Aluminium wurde. In einem riesigen Feuerofen …
«Was du da siehst», belehrte sie die Kohle, «das ist nicht die Sonne, das ist der Mond. Der Mond ist kalt!»
«Aber wie der aussieht», widersprach die Dose, «guck doch mal genau hin, wie das runde Ding da leuchtet!»
Aber der kleine Kohlebrocken erklärte: «Was du siehst, ist der Widerschein der Sonne, die den Mond anstrahlt. Die Sonne aber, die morgen wieder aufgehen und uns Wärme geben wird, diese Sonne ist ein Feuermeer, wie es von uns noch keiner erlebt hat.»
Die Dose verstand das nicht. Etwas leuchtet hell und ist doch kein Feuer. Mit dem Feuer hatte sie doch eine kurze Bekanntschaft gehabt. Heftig. Jetzt aber wollte sie keiner mehr. Warum kam denn nicht dieser Junge vorbei, der sie aus dem Fenster fallen gelassen hatte, als der Schaffner kam? Hatte dieser Mann in der blauroten Uniform etwas gegen Dosen? Hatte Peter gar etwas Verbotenes getan?

Und wie hatte der Junge sich vorgedrängelt, um an sie, die Cola-Dose, heranzukommen. Damals, als noch so eine braune Brühe in ihr schwappte. Da standen die Kinder vor dem Bahnhofskiosk, und einer schubste den anderen beiseite. Peter war wohl einer der ersten, der seine Dose triumphierend hochhielt. Jetzt aber hatte der Junge sie fast in einem Zug geleert (tatsächlich, er hatte sie in einem Zug in einem Zug geleert), sie zusammengedrückt und dann einfach aus dem Fenster geworfen. Vielmehr, er wollte werfen, kam aber nicht dazu. So war die Dose neben die Kohle gefallen.

«Werde ich denn gar nicht mehr gebraucht?» fragte die Dose. «Am liebsten würde ich in die Erde versinken!»

«Wir könnten uns zusammentun!» sagte daraufhin der kleine Kohlebrocken. «In mir ist soviel Kraft von der Sonne gespeichert, daß ich dich, wenn man mich mit anderen Stücken Kohle zusammentun und anstecken würde, sogar wieder schmelzen könnte. Wenn wir dich dann wieder flüssig gemacht hätten, dann sähest du anders aus als jetzt – vor allem dieses blöde Fußballwappen wäre weg!»

«Aber wenn ich geschmolzen bin, dann habe ich doch keinen Wert mehr», entgegnete die Dose.

«Jetzt hast du keinen Wert, weil du nur eine Dose bist, die niemand mehr braucht!» sagte die Kohle. «Man hat dich hergestellt, nur um so ein Gesöff in dich abzufüllen. Deshalb hat man dein Erz, das Bauxit, aus der Erde geholt und durch eine Feuerhölle geschickt.»

«Dann hätte man mich auch in der Erde lassen können!» ärgerte sich die Dose. «Dann wäre ich als Erz bei meinen Brüdern!»

«Ja», sagte daraufhin das Kohlestück. «Und viele meiner Brüder sind verbrannt worden, um aus dem Bauxit das Aluminium zu schmelzen, um dich herzustellen. Und das alles nur, weil die Menschen meinen, sie könnten alles aus der Erde nehmen, was sie wollen. Die denken doch nicht daran, daß das auch alles mal ein Ende hat.»

«Das ist mir doch schnuppe!» schnappte die Dose.

Da kam ein Zug vorüber, und als die Wasserspülung einer Zugtoilette das Klopapier herunterspülte und dieses sich mitten auf das Wappen der Fußballmannschaft legte, war zumindest das Stück Kohle dem Lachen ganz nahe. Die Dose aber grübelte lange und meinte, unten in der Erde wäre es doch viel, viel

Geschichte

schöner als hier auf dem Bahndamm. Und dann noch in diesem Zustand! Mit einem Klopapierkleid.

Aufgaben

- Was für andere Möglichkeiten gibt es, als «Limo» in der Dose zu kaufen?
- Geh an einer längeren Straße entlang und zähle, wie viele weggeworfene Dosen im Graben oder am Rand liegen.
- Kann man Getränkedosen sinnvoll weiterverwenden?
- Wie viele Dosen verbrauchst du in einer Woche, in einem Monat, in einem Jahr?

Das Lied vom Feuer

Das Lied vom Feuer

Text: Harry Böseke
Musik: Ulrich Türk

Refrain
Feuer ist nicht teuer,
und auch kein Ungeheuer.
Ist ein Stück Lebendigkeit,
komm – hol einen Ofenscheit.

1. Holz ist voller Energie,
sieht man nicht, doch spürt man sie.
Ist verkohlt ein Stückchen Kraft,
die ein wenig Wärme schafft.

2. Kohle, das ist Leben;
mußte man erst heben
aus der tiefen Erde,
daß zu Glut sie werde.

Refrain

3. Kohle hält die Feuerglut,
der Schmiedemeister weiß das gut;
hält darin sein Eisen rein,
hämmert es und formt es fein.

4. Feuer, wird es angefacht,
brennt mal heiß und brennt mal sacht.
Feuer macht das Eisen heiß,
und es bringt dem Schmied viel Schweiß.

Refrain

Der Feuerstein

Haste mal Feuer? Klar – diese Frage können wir leicht beantworten. Aber wieviel schwerer ist es für frühere Völker gewesen, den Lebensstoff Feuer zu entfachen?!
Da gibt es einen Stein: den Feuerstein. Dieser ist ein Quarzstein und hat die Eigenschaft, daß man ihn sehr leicht zersprengen kann. Man findet ihn oft in schwarzen oder gelblichen «Knollen» im weißen Kreidestein (Rügen, Dänemark, Südengland, Nordfrankreich). Der Feuerstein ist der älteste Stein, aus dem die Menschen Gebrauchsgegenstände hergestellt haben. Er wurde bis ins 19. Jahrhundert noch zum Feuerschlagen benutzt.

Im Winter (oder unter Zuhilfenahme des Gefrierschranks zu jeder Jahreszeit) läßt sich selbst ein dicker Stein sprengen. Aber es sollte ein Feuerstein sein, der gut durchgefroren ist. Wenn man diesen mit kochendem Wasser übergießt, dann kracht der Feuerstein auseinander.
Wie kommt dies?
Der innere Kern wird weit weniger heiß als die Außenschicht des Steines. Und da Hitze Stoffe zur Ausdehnung bringt, treten Spannungen im Stein auf. Diese lassen ihn auseinanderplatzen.

Haste mal Feuer?

Es ist gar nicht so einfach, wie die Naturvölker Feuer zu machen. Bei ihnen findet man noch folgende Methoden der Feuererzeugung:

- Durch Reiben oder Bohren von Holz auf Holz entsteht Bohrmehl, das zum Glimmen und Brennen gebracht wird.

So zum Beispiel beim Feuerpflug in Ozeanien (Hin- und Herreiben in einer Längsrinne), bei der Feuersäge in Australien, Neuguinea und in Indonesien (Hin- und Herreiben in einer Querkerbe) und beim Feuerbohrer (Feuerquirl) in Amerika und Nordasien.

- Durch Schlagen von Stein oder Eisen (Feuerstahl) gegen Stein beim Schlagfeuerzeug (Europa, Asien, Altmexiko) erzeugt man einen Funken, der mit Zunder aufgefangen wird.
- Bei der Feuerpumpe (Hinterindien, Indonesien) wird Luft in einer Holzröhre zusammengepreßt. Dabei beginnt ein Zunder zu glimmen.

Wenn wir jetzt so ein Feuer anzünden wollen, sollten wir uns fragen:

- Welche Materialien brauchen wir ?
- Welche Materialien haben die Naturvölker ?
- Wie entsteht das Feuer «in unserer Vorstellung» ?
- Wie entsteht das Feuer praktisch ?
- Was passiert durch das Reiben ?
- Gelingt das Experiment immer ?
- Welche Besonderheiten sind euch aufgefallen ?

Es wird ganz schön mühsam sein, wenn wir es so versuchen, wie die Naturvölker es meisterhaft beherrschen.
Wie durch Reiben und Bohren von Holz auf Holz Feuer entsteht, das kann man selber mit einer Bohrmaschine sehr gut nachvollziehen. Dazu brauchen wir Holzdübel, das sind dünne Holzstifte. Wir spitzen den Dübel vorne etwas an und spannen ihn in die Bohrmaschine ein. Mit diesem «Holzbohrer» wird das Holz, in das wir nun reinbohren, mächtig stinken und qualmen.

Feuertanz

Für dieses Experiment haben Schülerinnen und Schüler der Klasse 3 a (Grundschule Müllenbach) sich vorgestellt, was eigentlich passiert, wenn das Feuer Eis schmilzt. Dazu haben sie in einem Reagenzglas (einer auf einer Seite geschlossenen Glasröhre) ein kleines Stück Eis über einer offenen Flamme erwärmt. Allmählich schmolz das Eis.

Sie stellten sich alle auf und spielten diesen Vorgang pantomimisch nach.

In einem Festkörper – wie Eis – standen sie wie die Moleküle fast steif nebeneinander und konnten sich kaum rühren. Die Hände waren miteinander zu einem Gitter verbunden. Dann spielte die Lehrerin Musik ein. Das war für die Kinder das Feuer, die Wärme. Mehr und mehr bewegten sie sich und hielten sich gar nicht mehr alle an den Händen fest. Manche hatten sich schon losgelassen.

Ob beim Feuertanz oder im Stuhlkreis – der Spaß brennt niemals an

Jetzt war das Eis ja zu einer Flüssigkeit geworden. Somit stellten sich die Bewegungen auch darauf ein, die Schülerinnen und Schüler schüttelten die Arme und die Beine aus (wie es die Moleküle auch tun, dachten manche), und je länger die Musik spielte, desto mehr bewegten sie sich. Denn die Musik war ja das Feuer. Hatten die Kinder am Anfang noch alle dicht beieinander gestanden, so brauchte jetzt jeder schon mehr Platz, denn die Beine und die Arme wurden ausgestreckt.

In dem Reagenzglas fing das Wasser an zu sieden. Damit es nicht plötzlich hinausschoß (Siedeverzug nennt man das), bewegte die Lehrerin das Glas durch Schütteln. Dann kamen erste Blasen, und danach fing das Wasser an zu kochen. Auch die Musik wurde schneller.

So gerieten alle ganz schön ins Schwitzen, denn im «gasförmigen Zustand» – aus dem Wasser war ja Dampf geworden – benötigten alle noch mehr Platz. Jeder drehte sich mit ausgestreckten Armen, und das brauchte so viel Raum, daß einige sogar freiwillig das Klassenzimmer verließen.

Schließlich, die Musik kam zum Ende und die Flamme war ausgestellt, passierte mit den Schülern genau das, was auch mit dem Wasser passierte: Es rann als Kondenswasser an den Seiten des Glases hinab, und die Kinder hörten mit ihren schnellen Drehbewegungen auf und kamen von den Klassenraumwänden wieder nach und nach in die Mitte.

Ihre Lehrerin keilten sie dabei mächtig ein. Sie war gefangen. Der «Festkörper» saß plötzlich fest!

Der hat das Pulver nicht erfunden ...

Pulver – so heißt es, hat Berthold Schwarz (er lebte um 1380) als erster in seinem Mörser gefunden. Den Namen Schwarz hatte er deswegen, weil er sich mit der Magie, der «schwarzen Kunst» beschäftigte. Schwarz wollte wohl eigentlich das Pulver, das man um seine Zeit schon kannte, verbessern. Es war nur so, daß die Mischung aus Salpeter, Schwefel und Holzkohle seine Experimentier-Gefäße immer wieder zertrümmerte. Als er sich dann aus Bronze eine «Büchse» hatte gießen lassen, ging der Druck zur Öffnung hin weg, und es gelang ihm, Geschosse fortzuschleudern.
Wie das alles vor sich ging? In dem folgenden Gedicht hat Michael Zachcial (vom Bremer Duo *Zaches & Zinnober*) das einmal von der humoristischen Seite aus gesehen.

Wie Berthold Schwarz das Pulver erfand

Michael Zachcial

Berthold Schwarz besaß nur wenig,
doch eines Tages sprach der König:
«Schaff mir Gold – ganz gleich wie.
Du kennst dich doch aus in der Alchemie!»
Berthold raufte sich die Haare,
und er forschte viele Jahre.
Doch es schien nicht zu gelingen,
dieses Wunder zu vollbringen.

Eines Nachts, der Vollmond schien,
am nächsten Tag war der Termin,
verzweifelt rührte er im Topf,
und es rauchte ihm der Kopf,
den er so bald verlieren sollt',
käm' er zum König ohne Gold.

«Ach wäre ich doch nie geboren!»
Da flog der Topf ihm um die Ohren!

Mit Schwefel, Kohle und Salpeter
ging er zum König, welch Gezeter.
Der König war ernsthaft verdrossen,
am liebsten hätt' er ihn erschossen,
nur wußt' er noch nicht, daß das Pulver erfunden.
Berthold sprach, kurz angebunden:
«Laßt in der Scheide Euer Schwert!
Es ist nicht Gold, doch Goldes wert!

Steckt dieses Pulver in Pistolen.
Ihr könnt Euch alle Schätze holen.
Steckt Ihr dies Zeug gar in Kanonen,
könnt Ihr jeden Herrn entthronen!
Und wieviel Feinde auch marschieren –
laßt zwei, drei Bomben explodieren.
Vergeßt die Armbrust und das Schwert.
Es ist nicht Gold, doch Goldes wert!»

Seit jenen Tagen der Alchemie
gilt Berthold Schwarz als ein Genie,
doch heißt's:
Wer sich umsonst geschunden:
– der hat das Pulver nicht erfunden!

Diesen Text kann man – so sagte mir Michael – auch gut als *Rap* umsetzen. Versucht es doch mal …

Heute wird das Schwarzpulver noch in pyrotechnischen Fabriken verarbeitet. Das sind die Herstellungsfirmen für Feuerwerkskörper. Und die kennt ja jeder. Der Treibsatz – also die eigentliche «Rakete» – wird mit Schwarzpulver hergestellt. Je nachdem, wie fein gemahlen dieses Pulver ist, entzündet es sich langsam oder schnell. Das ist wichtig für die Verzögerung, die ja ganz bewußt entstehen soll. Schließlich sollen Feuerwerkskörper am Himmel leuchten und nicht am Boden.
Und die Farben? Die werden durch Beimischungen erreicht. Manche Salze zeigen im Feuer Farben. Das wird ausgenutzt.

Der Neujahrs-Spaziergang

«Silvester-Knaller sind das letzte!» – Meine Tochter Tina ist sich sicher. «Da schießt man das ganze teure Zeug in die Luft, und mein ganzes Taschengeld ist auf einmal futsch.»
«Silvester-Knaller kaufe ich am letzten Tag des Jahres!» sagt Jan. «Das macht doch richtig Spaß, so fetzig rumzuknallen. Außerdem, nur einmal im Jahr ist Silvester.»

Beide – auch Tina – stehen um Mitternacht an der alten Dorfkirche und brennen ihre Geschosse ab. Kein Riesenfeuerwerk – aber immerhin, es kann sich sehen lassen. Heuler ziehen ihre Kreise am Boden, der Goldregen senkt sich, Silberpfeile sprühen auf, und die Wunderkerzen in den Händen der Kinder verteilen kleine, heiße Funken auf Hände und Kleidung. Silvester. Ohne Feuer kann man sich diesen Tag eigentlich gar nicht vorstellen.
Jans Vater – mein Nachbar – und ich stehen dabei, und wir hören von unseren Kindern: «Feuer, wie entsteht das eigentlich?» Auch Anna und Lisa, die jüngeren Schwestern von Tina, sind aufgeblieben. Ich schaue meinen Nachbarn an. «Morgen früh, wenn ihr ausgeschlafen seid, dann machen wir unseren Neujahrs-Spaziergang. Und dann erklären wir euch, wie das Feuer entstanden ist. Denn ganz in der Nähe wurde früher Schieß- und Sprengpulver hergestellt. Wir suchen, wo die Pulvermühlen standen, und davon gab es viele bei uns!»
«Cool!» höre ich Tina. – Jan dagegen sagt: «Heiß!» – Er ist der Sache schon näher. Und als wir am nächsten Morgen warme Kleidung angezogen haben und aufbrechen, wissen wir alle noch nicht, was uns erwartet.
Ein wenig weiß ich schon. Ich habe einmal gehört, daß es – nur vier Kilometer von meinem Haus – früher oft mächtig geknallt haben muß. Wenn es krachte, bekamen die Kinder schulfrei. Sie hatten keinen Grund, sich zu freuen. Denn vielleicht war der Vater verletzt oder getötet worden …

Wie an einem Band waren im Flußtal die Pulvermühlen aneinandergereiht, fast 30. Man muß sich vorstellen, daß diese Mühlen recht kleine Gebäude waren. Denn wenn eine in die Luft flog, dann war nicht gleich «alles Pulver verschossen». Außerdem gab es noch eine Reihe von Kellern, die zum Teil in die Erde eingelassen waren. Dort wurde das Holz getrocknet, bevor es zu einer ganz feinen Holzkohle gemahlen werden konnte. Auch das Pulver wurde dort aufbewahrt, bevor man es mit Pferdewagen weit weg brachte. Hier wurde einmal ein so begehrtes Pulver hergestellt, daß man über die Grenzen hinaus vom «Guten Pulver» sprach, vom besten, was es zur damaligen Zeit gab.

Allerdings brauchte man das Pulver nicht für Feuerwerkskörper, sondern zum Schießen. Aber man nutzte es auch für friedliche Zwecke. In den Steinbrüchen war das Pulver eine sehr große Hilfe. Mußten einst die riesigen Felsbrocken mit den Händen und wenig guten Werkzeugen losgelöst werden, so half später das Gemisch aus Salpeter, Schwefel und Holzkohle: Pulver.

Trotz Gefahr ein sicherer Job – Pulverarbeiter im letzten Jahrhundert

Pulvermühlen wurden meist dort gebaut, wo es fließendes Wasser und Wald gab und wo die Menschen nicht so dicht beieinander wohnten. Denn immer wieder konnte es passieren, daß sich das gefährliche Produkt entzündete. So verbot man in Städten wie Köln etwa ab dem 15. Jahrhundert die Herstellung von Pulver ganz.

Deshalb wurden die Fabriken auch nicht in großen Hallen untergebracht, sondern in vielen kleinen Räumen, die etwas von-

Gleisanschluß am Pulverlager

einander entfernt lagen. An so manchem Bachlauf schlugen einst lautstark die Stampfen. Die Täler waren von Lärm erfüllt und die Börsen der Fabrikbesitzer mit Geld.

Unsere Neujahrswanderung beginnen wir an unserer Talsperre und haben bald die Sperrmauer erreicht. Mein Nachbar sagt uns: «Wißt ihr eigentlich, was das Feuer, das Pulver mit dieser Mauer zu tun hat?» – «Nein!» sagt Anna. «Mit dem Sprengpulver wurde der Fels aus dem Steinbruch gelöst und mit dem Stein dann diese Mauer gebaut!»
«Da haben wir ja den Salat!» meint Lisa. «Das paßt doch gar nicht zusammen: Feuer und Wasser.» «Und Erde!» meine ich. «Denn der Stein liegt ja unter der Erde! Da haben wir hier am Ort ja alle vier Naturelemente zusammen: Feuer, Erde, Wasser und Luft!»
«Warum denn auf einmal Luft?» motzt Tina.
«Ja, weil Feuer ohne Luft nicht auskommt und weil wir jetzt bei guter Luft um diese Talsperre herumgehen!»
«Ganz schön verpestet von den Knallkörpern!» setzt Tina nach.
Auf der Sperrmauer machen wir halt und sehen in das Tal. Daß hier früher mal Krach und Gestank war, das glaubt uns heute doch keiner mehr.
«Aber wo sind denn jetzt die ganzen Mühlen?» fragt Jan. Er fühlt sich richtig in seinem Element. «Wo sind denn die Pulvermühlen?»
Sein Vater wischt sich den Rauhreif vom Bart. «Das mußt du dir so vorstellen: Wo nichts ist, da war mal was. Ich meine: Die meisten Mühlen sind doch in die Luft geflogen. Da sieht man nur noch die Aushöhlungen in der Landschaft.»
Bald schon haben wir solch einen «Standort» gefunden. Ein Loch, so groß wie ein Wohnzimmer. Man kann noch die geraden Abschnitte erkennen, aber vom Mauerwerk: keine Spur.

Der grundsätzliche Aufbau einer Pulvermühle besteht aus einer Reihe von hölzernen Pochstempeln (Stampfen), die meistens unten mit Kupfer beschlagen sind. Sie werden durch eine Daumenwelle (eine Welle mit Hebearmen) gehoben, um im freien Fall in den Pochtrog zurückzustürzen. Dabei wird das Material zerkleinert. Eisen durfte bei den Pulvermachern auf keinen Fall verwendet werden, weil dabei Funken entstehen konnten. So gab es auch Pochstempel, die mit einem buchenen «Holz beschuhet» waren. Man stampfte 24 bis 30 Stunden und setzte immer wieder etwas Wasser zu, damit nicht zu trocken gestampft wurde.

Exkursion

Bald schon sehen wir im Bachtal seltsame Bodenerhöhungen und Reste von Wällen. Wir können erkennen: Das Wasser zum Antrieb der Stampfen wurde gestaut und über künstlich angelegte Gräben auf das Mühlrad geleitet. Unterhalb der Anlage floß das Wasser dem Bachlauf wieder zu.

Durch sumpfiges Gelände können wir bis zum Bach vordringen. Auf der gegenüberliegenden Seite des schmalen Flußbandes sehen wir eine kleine Hütte und dahinter einen herrlichen Teich, der früher einmal als Mühlenteich diente. «Wer kommt am weitesten?» ruft Jan und wirft schon die ersten Steine so gekonnt auf das Wasser, daß sie mehrmals hüpfen.

Das Pulver kannten die Chinesen schon sehr früh, ohne daß sie so richtig etwas damit anzufangen wußten. Für kriegerische Zwecke setzten sie es jedenfalls erst einmal nicht ein. Von China aus gelangte das Pulver zu den Arabern, die es schließlich nach Europa brachten.

Und da gibt es die Geschichte von Berthold Schwarz. Er hat das Pulver wohl nicht erfunden, aber verbessert. Daß der Mönch Berthold Schwarz die explosive Mischung bei einem seiner alchimistischen Versuche zur Goldherstellung «zufällig entdeckt» hat, ist wohl eher ein Gerücht. Aber die Pulverfabrikanten verstanden es vorzüglich, aus diesem Gemisch tatsächlich «ihr Gold» zu machen.

Streng gehütet war lange Zeit auch das Geheimnis der Pulverzusammensetzung. Heute ist es längst gelüftet. Besonders gutes Pulver bestand aus 65 Prozent Salpeter, 20 – 22 Prozent Schwefel und 12 – 13 Prozent Holzkohle. Salpeter und Schwefel wurden aus Übersee herbeigeschafft, so z. B. aus Chile mit den schnellen Segelschiffen, «Clipper» genannt.

Auf dem Landwege wurden sie dann in Fässern und Säcken auf Pferdefuhrwerken zu den kleinen Fabriken gebracht. Der Faulbaum aber, aus dem die Holzkohle gewonnen wurde, wuchs oft in den heimischen Wäldern. Man entfernte von den dünnen Stämmen die Rinde, trocknete das Holz und verkaufte es bündelweise an die Fabrikanten. Erst nach langer Lagerung wurde das nun «pulvertrockene Holz» in speziellen Brennöfen zu feiner Holzkohle verarbeitet.

So mancher ältere Mensch erinnert sich noch daran, wie er als Jugendlicher das Faulbaumholz gesammelt hat. Dies war ein lohnender Nebenerwerb.

Ganz früher nannte man das Pulver auch das «Donnerkraut». Unter der Bezeichnung «cruyd» oder «kruyt» faßte man im Mittelalter alles zusammen, was man in einer Apotheke kaufen konnte. Als die Feuerwaffen aufkamen, nannte man das Pulver dementsprechend «donrecruyd», und daraus wurde «Donnerkraut».

Nach dem Unglück

Die Herstellung erfolgte so: In Kumphölzern – das waren ausgehöhlte, dicke Baumstämme – wurden Salpeter, Schwefel und Holzkohle zusammengebracht. Die Stempel, etwa 10 Kilogramm schwer, schlugen auf die Mischung, bis sich eine dichte Masse gebildet hatte. Je größer die Verdichtung, desto besser war auch die Verbrennung.
Wehe aber, wenn sich dieses «Pulverfaß» durch zu geringe Durchfeuchtung selbst entzündete! In der Monatsschrift des Bergischen Geschichtsvereins von 1917 wird der Fabrikant Johann Hermann Cramer zitiert: «... da ich aber 1/4 Stunde aus der Mühle gewesen, hat einer von diesen Arbeitern auf einen höltzernen Pfahl trocken geschlagen, worneben ein eiserner Nagel ohnzusehen gesteckt, so ist aus dem Eisernen Pfahl Feuer entstanden, wodurch die Mühle in Brand gerathen und das nebenstehende Siebehaus in die Luft geflogen ist.»
Das war im Jahre 1765, und fünf Arbeiter erlitten schwere Verletzungen. Von einem anderen Unglück heißt es: «In ein Getrieberad sollten neue Holzzähne eingesetzt werden. Dabei mußte der Zimmermann vermutlich in einen Nagel gesägt haben. Jedenfalls ging die Mühle in die Luft. Das Kumpholz der Mühle flog mehr als 100 Meter weit. Unsere Hilfe kam zu spät. Der Zimmermann verbrannte, noch bevor wir eingreifen konnten.»

Exkursion

Ein älterer Mann in einer grünen Weste und mit einem grünen Hut auf dem Kopf erregt unsere Aufmerksamkeit. «Guten Morgen! Und ein gutes Neues Jahr!» hören wir. Er stellt sich vor. «Mein Name ist Erich Radermacher. Ich sorge dafür, daß hier im Tal alles in Un-Ordnung bleibt!»
«Wie bitte?» fragt Tina. Für sie ist das nicht in Ordnung.
«Tatsächlich: Hier in diesem verlassenen Industrieraum brüten Vögel. In den Höhlen findet man seltene Säugetiere, und der Fischreiher hat hier auch sein Zuhause. Den sehe ich aber nicht so gerne, wenn er mir in den Forellenteich geht!» Und dann erzählt er uns, daß sein Vater selber noch in einer Pulvermühle gearbeitet hat, sein Großvater und ... so weit er es zurückverfolgen kann.
Wir kommen wieder an eine Stelle, an der einst eine Mühle gestanden haben muß, und Herr Radermacher erklärt, daß in den Gebäuden absichtlich eine Wand nicht aus Stein, sondern aus Holz errichtet wurde, um bei einer Explosion den Druck zu

vermindern und als erstes rauszufliegen. Er weiß auch, daß die Werkstätten so mit feinem, entzündlichem Staub gefüllt waren, daß ein einziger kleiner Funke genügte, um die ganze Mühle explodieren zu lassen. Keiner durfte daher mit genagelten Schuhen die Mühle betreten. Keiner durfte einen eisernen Hammer, einen Nagel oder einen Schlüssel mitbringen. Alle Werkzeuge waren aus Kupfer. Und Rauchen durften die Arbeiter nur in dem eigens gebauten und 100 Meter von den Produktionsstätten entfernt gelegenen «Tabac-Häuschen».

Reichtum durch Pulver – Haus Ohl in seiner Herrlichkeit. Früher gab es dort viele Bedienstete

Sollte etwas repariert werden, mußte man die Mühle vorher mit Wasser abspritzen. Alles mußte kalt und naß sein. Das Leben der Pulverer war schon sehr gefährlich. Und dennoch hielten manche Familien den Unternehmern die Treue – wie die Radermachers. Viele erhielten eine Betriebsrente, denn die Fabrikanten in diesem Tal waren sozial eingestellt. Und dann sagt er etwas, was wir ihm gar nicht glauben wollen. «Hier bei uns auf dem Land gab es durch die Pulvermühlen eher den elektrischen Strom als in Köln!».

Auch wurden die Arbeiter bei einer Wirtschaftskrise (Rezession) nicht entlassen. War die Nachfrage gering, oder war im Sommer der Fluß ausgetrocknet, so mußten sie die Waldwege kehren oder ähnliche überflüssige Dinge verrichten. Aber ihr Arbeitsplatz war ihnen sicher.

«Die Unternehmer», berichtet Herr Radermacher, «die waren schon ganz in Ordnung. Die haben hier gelebt!» – Er zeigt auf ein mittlerweile «verstaubtes» Gebäude, das früher einmal ein herrliches Anwesen gewesen sein muß. «Da lebten sie.»

Und dann hören wir noch, daß es sogar richtige Diener gab, mit besonderen Anzügen, und daß man am Pulver wirklich eine Menge verdienen konnte.

Jan ist aufmerksam geworden.

Er murmelt etwas zu Tina, und Tina murmelt etwas zu mir.

«Was hast du da gesagt?» meldet sich Anna. «Geheimnisse werden laut gesagt!»

«Geheimnisse!» lacht daraufhin Herr Radermacher. «Die gab es reichlich. Aber was wolltest du wissen?» Er wendet sich Jan zu.

«Ich wollte nur sagen, wenn Pulver so weggebracht wurde, daß da auch mal Räuber kamen, um das zu stibitzen!»

«Da hast du nicht mal so unrecht!» sagt Herr Radermacher.

«Das kam gar nicht so selten vor! Bevor das Pulver den Weg zum ‹Verbraucher› antreten konnte, mußte es noch gekörnt werden, um auch nach der langen Reise in einem zuverlässigen Mischungsverhältnis gebrauchsfertig zu sein. Es wurde auch noch poliert, glasiert und getrocknet. Mit Pferdewagen ging es dann auf langen Wegen bis Ostpreußen oder Ungarn. Da pas-

sierte es natürlich, daß Räuber das stibitzten. Nur nachts durften die Pulverwagen fahren, und sie mußten außerhalb der Ortschaften geparkt werden, wenn der Kutscher schlafen wollte. Da wurden manchmal Leute angestellt, die die Fracht extra bewachen mußten. Aber ohne Laterne!»
«Sonst wäre alles in die Luft gegangen!» sagt Lisa.
Anna ist das alles etwas unheimlich. «Sagen Sie mal, wenn das so gefährlich war, warum wurde das denn hier alles gemacht?»
«Weil es Geld einbrachte. Viel Geld!»
«Wie die Feuerwerkskörper!» meint daraufhin Kristina. «Sie bringen nur einem etwas: dem, der sie herstellt!»
«Und hat das keinen Nutzen?» fragt Jan.

Um viele Erfahrungen reicher, treten wir unseren Rückweg an. Vor dem Haus von Herrn Radermacher – der uns noch zu sich einlädt und uns alte Karten und Bilder zeigt – hält der Bus. Er bringt uns nach Hause zurück, und wir schrecken plötzlich auf, wenn an diesem Neujahrsmorgen irgendwo ein übriggebliebener Feuerwerkskörper angezündet wird.
Aber gezündet hat es auch bei uns. Wir wissen jetzt viel mehr vom Pulver, von den Menschen, die es herstellten, und wie sie es machten. Wir wissen jetzt viel mehr vom Feuer.

1866 erfand Alfred Nobel das Dynamit. Eine große Konkurrenz für das Schwarzpulver: Bis 1918 wurden viele Pulverfabriken verkauft. Die Zeit des Schwarzpulvers war vorbei. Anfang der dreißiger Jahre waren die meisten Produktionsstätten für Schwarzpulver stillgelegt, und damit endete das letzte Kapitel einer einst blühenden, jedoch auch äußerst gefährlichen Industrie.

Atomfeuer

Feuer. Immer wieder Feuer. So hat man an manchen Orten des Feuers auch große Angst. Selbst wenn es in einem Meiler ganz lautlos «brennt» und man keine Flamme sieht: in einem Atomkraftwerk.
Viele Menschen fragen sich, ob es sinnvoll ist, mit Atomkraftwerken Kraftwerke abzulösen, die sehr viel schädliches Kohlendioxyd ausstoßen. Da höre ich im Radio ein Gedicht meines Schriftstellerkollegen Arnfrid Astel:

Arnfrid Astel

Macht einen großen Bogen
um die Kernenergie!
Die Sonne hat uns nie betrogen
und auch die Erde nie:
Sie macht einen großen Bogen
um die Kernenergie.

(Aus: Harry Böseke / Bernhard Wagner: Sind es noch die alten Farben? Weinheim und Basel 1987, S. 125. Verlag Beltz & Gelberg)

Mir fällt auf:
Die Sonne ist auf ihre Art auch ein *Atomkraftwerk.*
Ein Atom wird als das kleinste Teilchen dargestellt, das die Eigenschaft eines Elementes hat. Elemente sind zum Beispiel *Eisen, Aluminium, Sauerstoff, Kohlenstoff.* Jedes Atomteilchen wird immer die Art, die Eigenschaft seines Elementes behalten. Der Name *Atom* kommt aus der griechischen Sprache und bedeutet: *Unteilbar.*
Und doch kann man ein Atom spalten. Besonders Atome «schwerer» Elemente, wie *Uran.* So kommt es auch dazu, daß sich Wasserstoffkerne zu Heliumkernen verschmelzen lassen. Dabei werden große Energiemengen frei. Auch in unserer Sonne findet eine gigantische Atomspaltung statt. Die Sonne heißt Feuerball. Und Atomkraft ist eine Art gigantisches Feuer. Auch wenn es scheint, daß da keine Flamme brennt.
Dieses Prinzip wird für Atomkraftwerke genutzt. Da Abfälle dieses Prozesses aber über sehr, sehr lange Zeit weiterstrahlen, haben sich viele Länder verpflichtet, den Atommüll «sicher» zu lagern.

In Deutschland wurden unterirdische Salzstöcke darauf untersucht, ob sie Atommüll aufnehmen können. Einer dieser Salzstöcke befindet sich in Gorleben, in Niedersachsen. Weil bei den Bohrungs- und Forschungsarbeiten schwere Unglücke passiert sind, wurden diese Arbeiten zeitweilig eingestellt.
Eine Halle wurde als ein riesiges Zwischenlager errichtet. Da soll der radioaktive Abfall – angeblich sicher verpackt – so lange stehen, bis das Endlager fertiggestellt worden ist.
Um überhaupt Atomkraftwerke in Deutschland betreiben zu können, muß ein Nachweis geführt werden, daß eine sichere Lagerung des Mülls garantiert ist. So ein Ort der Lagerung soll Gorleben sein. Aber sicher ist da nichts.

Wie das Atom ein Dorf spaltet

«Wann fahren wir endlich?» – Die Sommerferien hatten schon begonnen, und meine drei Töchter fragten immer wieder: «Wann fahren wir endlich?»

Schließlich stand ein besonderes Ereignis auf unserem Ferienplan: Zwei Wochen auf dem Reiterhof. Den Ort hatten wir uns aus einem Katalog rausgesucht – es gibt so einen Katalog speziell für Reiterferien.

Marleben bei Gorleben – noch nie gehört? Kennt auch keiner. Möchte man sagen. Und doch verbirgt sich hinter diesen kleinen Orten eine große Geschichte. Aber davon wußten wir nichts, als wir den Reiterhof erreichten.

Die Fahrt klappte prima. Eine Rast hinter Uelzen, am Rande der Lüneburger Heide. Unser Ziel lag schon zum Greifen nahe. Nur noch eine Stunde bis Marleben, ganz nahe an der Elbe in Niedersachsen gelegen. Wir durchfuhren eine Heidelandschaft und wunderten uns über die seltsamen Ortsnamen. Viele hörten mit -itz auf: Gedelitz, Waddeweitz, Glienitz...

«Alles Mumpitz!» sagte meine Frau. Aber sie hatte sich – im Gegensatz zu mir – schon vorbereitet, den Reiseführer gelesen und erzählte uns: «Wir sind jetzt hier im Wendland, im Lande der Wenden. Das war einmal ein Wandervolk, Nomaden würde man wohl sagen!» Und sie erzählte uns von einem kleinen Volk, das inmitten eines großen Volkes eine Minderheit gewesen war und darum auch besonders hart verfolgt und geknechtet worden ist. «Ein freiheitsliebendes Volk...!»

Anna fühlte sich gleich an das gallische Dorf von Asterix und Obelix erinnert. Daß wir Ähnliches erleben würden, das ahnten wir auf unserer Fahrt noch nicht. Wie in Gallien standen und stehen im Wendland auch heute noch – manchmal unversehrt – Rundlingsdörfer, die sich die Wenden zu ihrem Schutz angelegt hatten. Die Häuser wurden um einen Anger – eine gemein-

sam genutzte Dorfwiese – herum gebaut, und manchmal sah man auch einen Brandweiher, mit dessen Wasser die Bewohner den gefährlichen Bränden, wie es sie in früheren Zeiten ja immer wieder gab, Widerstand leisten konnten.
Lisa motzte: «Wann sind wir endlich da?» – Schon bald erreichten wir den zwischen großen Feldern gelegenen Ort, der uns Quartier für zwei Wochen sein und den Kindern einen gehörigen Reiterspaß geben sollte.
Vom Schweinestall her stank es. Auch sonst war alles hier wie in einer Welt, wie wir sie aus unserer Kindheit kannten. Meinten meine Frau und ich. Eine riesige Eiche stand vor dem Niedersachsenhaus, mit einer frommen Inschrift:
«Gott schützte dieses Haus, vor feuersnoth und braus, vor stürmen und vor Leuten, die nicht's guth bedeuten!»
Lisa, Anna und Tina hatten keine Zeit, sich Hausinschriften anzusehen. Statt dessen kannten sie schon bald alle Namen der 19 Pferde, die im großen Stall Heu mampften. Danach sollte Ausritt sein, und meine Kinder waren am Ziel ihrer Träume. Ein kleines Abendbrot nur, und schon saßen sie in den Sätteln. «Waldfee, Sirius, Sternchen, Plattfuß, Pollux und Kastor!» nannten sie bald ihre Lieblinge. Der Wallach hieß Kastor. Daran erinnere ich mich noch ganz gut. Aber daß sein Name einen Zusammenhang mit der Geschichte hatte, die ich jetzt erzählen werde, wußte ich noch nicht.
Kastor und Pollux spielen in der Sagenwelt eine Rolle. Als Retter in der Not und Rossebändiger wurde Kastor einst berühmt. Sein Zwillingsbruder Pollux dagegen hielt es eher mit wilden Raufereien. Wild und wenig gezähmt waren auch die Pferde mit den Namen der beiden gegensätzlichen Brüder.
Was soll ich erzählen? Daß meine Töchter sich wohl fühlten und Spaß mit ihren Pferden hatten? Daß sie kaum eine Mahlzeit lang ruhig am Tisch saßen, um dann so schnell wie möglich in den Stall zu entschwinden oder auf die Weide? Eins aber bekamen sie mit. Der Sohn unserer Gastgeber, den sie Hotte nannten – er war schon etwas älter als Tina, und die war schon 11 –, sagte eines Abends: «Jetzt ist alles noch gut hier. Aber wehe, wenn der CASTOR kommt!»

«Kastor, der ist doch ganz friedlich im Stall!» entgegnete Tina. Aber Hotte meinte einen anderen CASTOR. «Hier soll jetzt der ganze abgebrannte Atommüll hin, hier nebenan, nach Gorleben. In Behältern, die werden CASTOR genannt.»
Tina wußte zwar schon etwas mit dem Begriff ATOM anzufangen, aber daß dieses Wort solch einen Schrecken in einer Gegend verbreiten konnte, war ihr noch nicht klar. Im Gegensatz zu Anna und Lisa aber hatte sie sich richtig dick mit Hotte angefreundet. Und als sie mich am nächsten Tag fragte, ob ich sie und Hotte mal nach Gorleben zum Einkaufen bringen könne, zögerte ich noch. Aber dann nickte ich. «Gorleben!» sagte ich. «Das kenne ich doch aus der Zeitung!» Ich sollte Gorleben näher kennenlernen.
Auf der kurzen Fahrt in dieses Dorf – nur drei Kilometer von unserem Urlaubsort entfernt – erklärte mir Hotte: «Es gibt große Angst bei uns. Viele Leute haben ihre Felder an solch eine Atomfirma verkauft, und andere haben sie nicht verkauft. Es geht ein Riß durch die Dörfer, sogar durch die Familien: die Guten und die Bösen!»
«Und deine Eltern? Haben sie auch verkauft?»
«Ja!» sagte Hotte. «Das ist es ja gerade!»
Und dann erfuhren Tina und ich von der großen Bedrohung. Vor über 10 Jahren wurden hier Felder verkauft, damit in der Erde gebohrt werden konnte. Nicht nach Erdöl oder Erdgas, sondern nach Salz. Die ganze Gegend steht auf einem riesigen Salzstock, einem Salzgebirge unter der Erde. Und dort sollte, so wollte es die damalige Regierung, der Atommüll gelagert werden. Atommüll, Brennstäbe, die als Energiequelle der Atommeiler gebraucht worden sind. Aber sie sind nicht abgebrannt. Sie strahlen noch jahrhundertelang, auch wenn sie für die Industrie nicht mehr verwendbar sind.
Als wir in Gorleben ankommen, sehen wir ein riesengroßes Gebäude, einer Fabrik ähnlich. Keine Fenster, nur Luftschächte. Wie ich bald erfahre, ist es das *Zwischenlager*, wo Atommüll so lange gelagert werden soll, bis er dann auf «immer» in den Salzstock runtergelassen wird.
Hotte ist mit mir und Kristina auf einen Erdwall gestiegen. Was

wir dort sehen, macht uns allen angst: Meterhoch Stacheldraht, und da ist auch ein Gang um die Fabrik, in dem Hunde laufen können. «Ist das hier die Grenze?» fragt mich meine Tochter. Ich bin selber erschrocken. «Nein, das ist nicht die Grenze! Aber irgendwie ist es doch eine Grenze. Hier sollen Leute bewußt abgehalten werden. Denn da», – ich zeige auf das Gebäude – «da soll keiner rein. Weil da ein Geheimnis ruht!»
«Noch nicht!» erwidert mir Hotte. «Aber da sollen die Behälter rein, die man CASTOR nennt, und damit der Atommüll!»
Ich überlege. Hotte ist gerade 14 Jahre alt. Also war Hotte noch ein Kleinkind, als das hier alles anfing, mit dem Stollen, der gebohrt wurde, um den radioaktiv strahlenden Atommüll aufzunehmen. Was dachten sich seine Eltern, als sie Wiesen und Ackerland an die Atommüll-Betriebe verkauften? Hatten sie keine Angst?
Die Angst hat hier einen Namen: CASTOR.
CASTOR – was heißt Castor? Im Dorf erfahre ich es. Ein «Informationszentrum» ist dort aufgebaut, das über die «friedliche Nutzung der Kernenergie» aufklärt. Man erfährt auf Schautafeln etwas über den «Kreislauf» des Atoms, über Otto Hahn, der das unteilbare Atom teilte, über die angebliche Ungefährlichkeit des Atommülls. Ein Zwischenlager für die radioaktiven Brennstäbe soll ungefährlich sein wie ein Kartoffelspeicher. Nebenbei erfahre ich, daß dieses Info-Zentrum früher die Dorfschule beherbergte. Heute wird mit Gewalt etwas Neues «eingetrichtert», etwas, das ich nicht glauben kann, und Tina und Hotte sehen ebenfalls zweifelnd auf die Tafeln.

«Wollt ihr eine Cola?» fragt eine freundliche Dame die Kinder.
«Wollen Sie uns kaufen?» sagt Hotte lauter als sonst. Ihm ist Wut anzumerken. Schließlich muß er jetzt hier leben, wo seine Eltern Land an die Atomfirma verkauft haben. Sicher, er hat noch viel Land, um Weizen und Gerste anzubauen, aber wer will später das Getreide haben,

das aus der Nähe eines Atomlagers kommt und vielleicht strahlt und strahlt und strahlt ...
CASTOR lese ich schließlich. Das ist die Zusammenziehung der englischen Wörter: CAST IRON (Gußeisen) und STORAGE (Lagerung). Und wie schwer ist so ein CASTOR, in dem die radioaktiven Brennstäbe aus den Atomkraftwerken gelagert werden sollen?
60 Tonnen, soviel wie 40 Autos und mehr, fünf Meter lang und 160 cm breit.
Diese Behälter sollen im Zwischenlager so lange stehen, bis das Bohrloch fertig ist – für die endgültige Lagerung –, und das kann Jahre dauern. Die Lagerhalle hat keinen besonderen Schutz. Radioaktivität dringt nach draußen. Und immer wieder liest man in der Zeitung von Zügen, welche die ersten CASTOR-Behälter in die Halle bringen sollen. Jetzt jedenfalls steht noch keiner dort.
Wir kaufen im Dorf noch etwas ein. Irgendwie habe ich das Gefühl, daß wir einen Urlaubsort gewählt haben, an dem sich die Menschen bewegen, als ob sie etwas zu verbergen hätten. Ein Dorfname, der behaftet ist mit Atom. *Kontaminiert* heißt das in der Fachsprache.
Als wir auf der Rückfahrt am Zwischenlager vorbeikommen, ruft Hotte: «Halt an!»
Tatsächlich: Es tut sich was. Zwar ist noch kein CASTOR in Sicht, statt dessen aber sehen wir etwa 60 Menschen vor dem großen Metalltor. Sie haben ein großes Holzkreuz am Eingang des Zwischenlagers errichtet. Tina will alles ganz genau wissen. Wir stellen den Wagen ab und gehen auf die Demonstranten zu.
Erst werden wir noch von einem jungen Mann etwas mißbilligend angeschaut, dann aber kommt er auf uns zu. «Was hier los ist, wollt ihr wissen?» Tina ist neugierig. «Ist denn da schon Radioaktivität drinnen?»
«Nein, wir stellen uns quer», sagt der junge Mann, den sie hier Plümmel nennen. «Die anderen glauben natürlich, wenn der erste Behälter hier reinkommt, dann wäre der Widerstand gebrochen. 420 Behälter passen da rein. Aber 420mal können wir nicht dagegen anstinken. Wir müssen verhindern, daß der erste Castor reinkommt. Dann haben wir gewonnen.»

Wir haben viele Fragen. Am meisten interessiert uns: «Und glaubt ihr, daß ihr gewinnt?»
«Natürlich glaubt niemand, daß so eine Blockade wie jetzt dazu führt, daß die mit ihrem Lastwagen und dem Castor zurückfahren. Aber wir haben hier eine lebendige Barriere errichtet. Wir machen die Blockaden, damit in der Bevölkerung bekannt wird, daß es keine gesicherte Entsorgung für Atommüll gibt. Wir wollen Druck ausüben in der Richtung, daß Atomkraftwerke stillgelegt werden. Wenn es keine gesicherte Entsorgung gibt – und die gibt es nicht, auch wenn die Fässer in die Erde runtergelassen werden –, dann darf man auch keine Atomkraftwerke mehr betreiben. Der hochradioaktive Müll muß dort bleiben, wo er produziert wird, in den Atomwerken. Jeder Transport aus den Fabriken heraus bringt neue Gefahren. Die Behälter sind unsicher, weil sie soviel Radioaktivität in sich haben wie 40 Atombomben – solche, wie sie in Hiroshima geworfen worden sind. Sie haben zwar einen dicken Mantel, aber sie strahlen trotzdem. Und dann sollen sie hier in die Kartoffelscheune!»
Kartoffelscheune – tatsächlich ist dies wohl nur eine moderne Scheune, dieses Zwischenlager. «40 Jahre und mehr kann das dauern, und was das für uns und unsere Kinder heißt, das könnt ihr euch ja vorstellen!»
Hotte ist nachdenklich geworden. «Es gab schon viele Demonstrationen gegen das Atom!» weiß er. Mit Wasserwerfern wurden Demonstranten vertrieben, es gab sogar Schwerverletzte. Bisher haben es die Leute von den Atomkraftwerken nicht geschafft, nur einen einzigen Behälter mit Atommüll nach Gorleben zu bringen. Aber wie lange kann das noch gutgehen?

Wie ich bald von Plümmel erfahre, ist der Ernstfall nahe.
«Als ich am Freitag den Anruf kriegte, daß ein Versuchs-Transport hierherkommt, also noch ein leerer CASTOR, habe ich mir gesagt: ‹Plümmel, sei ruhig. Erst einmal wird das Kind angezogen, dann schmierst du noch 'ne Stulle – und dann fahren wir langsam los.› Die anderen sind stärker. Die haben Hubschrauber, die können ihre Truppen dirigieren, das ist hier wie der Wettlauf zwischen Hase und Igel. Schön wär's, wenn wir Igel wirklich sie-

gen könnten. Wir können uns eigentlich nur darauf verlassen, daß wir möglichst viele sind. Sicher, die Polizei faßt uns hart an. Aber sie sind angestachelt worden, sie müssen ihren Auftrag ausführen. Wichtig ist, daß man Leute hat, mit denen man reden kann. Wir sind gar nicht mal so viele, aber dennoch stark. Weil die anderen ja nicht wissen, was wir schon wissen.»
«Das ist doch», sagt Tina, «irgendwie wie im Krieg!»
«Das ist Krieg!» sagt Plümmel. «Ein Krieg, den wir nicht wollen. Aber man drängt ihn uns auf, und dabei wollen wir nur eins: Hier leben und uns freuen, daß sich unsere Kinder freuen und daß sie in Ruhe und Frieden leben können, ohne Angst vor der Radioaktivität.»
«Ich meine, keine Regierung kann es sich doch erlauben, die Bevölkerung zu gefährden!»
Plümmel schaut mich an. «Es geht um Geld, um sehr viel Geld. Daran ist auch die Regierung interessiert. Wir haben kaum Geld, nur so ein paar Spenden. Aber unsere Kraft besteht darin, daß wir den Mut haben, uns auf die Straße zu setzen und zu sagen: ‹So, da spielen wir nicht mit!›»
«Tatsächlich kein Kinderspiel!» sage ich. «Ist das Ihre Tochter?»
«Ja!» Plümmel nickt. «Manchmal ist es mir unangenehm, daß sie mitkommt. Aber wo soll ich sie lassen? Ich bin hier groß geworden, mein Opa war Lehrer in der alten Schule in Gorleben. Ich selber bin auch Lehrer. Karen wird mich später fragen: ‹Papa, was hast du gegen den Atommüll gemacht? Konntest du ihn nicht verhindern?› Ich möchte Kinder nicht in diese Demonstrationen reinziehen. Aber seit dreizehn Jahren kämpfe ich mit vielen anderen dagegen, daß hier das Atomlager hinkommt. Es ist ein Teil meines Lebens geworden wie das Leben meiner Tochter.»
Wären sie nicht immer wieder aufgestanden, die Menschen von der Bürgerinitiative, dann ständen heute schon radioaktive Behälter im Zwischenlager. «Wir konnten das bisher immer wieder verhindern», sagt Plümmel, «und mittlerweile sind bei uns auch viele Bauern. Sogar welche, die ihr Land an die Betreiber verkauft haben!»
«Wie meine Eltern!» sagt Hotte. «Aber sie gehen noch nicht mit!»

«Noch nicht!» sagt Plümmel. «Und du? Gehst du mit?»
Hotte spürt man sichtlich die Verlegenheit an. Irgendwie ist ihm das alles ganz unangenehm. Die Fragen, die Vorwürfe gegen seine Eltern. «Ja, ich will hier leben. Und entweder kann Gorleben leben, oder wir müssen uns eine neue Gegend suchen, wo wir leben können! Aber ich will hier nicht weg!»
«Ich will in den Stall!» sagt Tina. Auch sie ist am Rande ihrer Kräfte. «Das ist alles so schlimm hier.»
«Das stimmt», meint Hotte, «aber du hast es gut.»
«Warum habe ich es gut?» fragt Tina wütend zurück.
«Du bist nur in den Ferien hier. Ich aber werde das Haus und den Bauernhof erben. Komm, wir fahren zu Pollux.»
«Und zu Kastor», sagt Kristina. «Aber mein Kastor soll nie einen anderen *Castor* hier in der Nähe haben. Das werde ich ihm gleich ganz leise ins Ohr sagen!»
Als ich aus den Ferien nach Hause zurückkomme, nehme ich ein Buch zur Hand: Ich blättere. Ina Saal aus Ahrweiler hat mit 17 Jahren ein Gedicht geschrieben. Es drückt aus, was viele Menschen denken.

Gedicht

Abschalten

Ina Saal

Einfach abschalten
sollte man,
denke ich mir
und lehne mich zurück
in meinem Korbsessel

abschalten
so wie das Licht,
um das Zimmer
den Kräften der Nacht
zu überlassen

abschalten
wie einen Ofen,
wenn die Hitze
zu groß wird

Einfach abschalten
sollte man
die Atomkraftwerke

(Aus: Harry Böseke / Bernhard Wagner: Sind es noch die alten Farben? Weinheim und Basel 1987, S. 46. Verlag Beltz & Gelberg)

Erde

«Du bringst mich noch unter die Erde!» Wie oft hört man dieses Stöhnen von Eltern, wenn man Bockmist gebaut hat.

Die Erde spielt immer mit. Mal handelt es sich um eine «bodenlose Frechheit», mal ist es der Hosen*boden*, der versohlt werden soll.

Und wer seine ganze Verachtung ausdrücken will, sagt: «Das ist doch der letzte Dreck.»

Dabei ist Erde alles andere als Wörterdreck.

Sagt doch auch jemand zu seiner Liebsten: «Du bist die Schönste auf dieser Erde!» oder «Erdenmenschen – Wesen mit Verstand». Ob wir den tatsächlich auch immer nutzen?

Nun gut. Falls uns der Verstand wegbleibt – haben wir ja immerhin noch das Lexikon. Da steht unter ERDE:

«*Erde*, der von der Sonne aus dritte der 9 Planeten unseres Sonnensystems. Die Erde bewegt sich in 365 Tagen, 5 Stunden, 48 Minuten und 46 Sekunden auf einer fast kreisförmigen Ellipse um die Sonne. Die Erde dreht sich in 24 Stunden einmal von West nach Ost um ihre Achse. Dadurch entsteht der Wechsel von Tag und Nacht. Das Alter der Erde hat man mit Hilfe radioaktiver Mineralien bestimmt. Die ältesten Gesteine, die Reste organischen Lebens zeigen, sind eine Milliarde Jahre alt – das Alter der festen Erdrinde wird heute auf fast fünf Milliarden Jahre geschätzt.»

(dtv-Lexikon, Bd. 5. München 1968, S. 167)

So alt ist nun unsere Erde geworden. Und dabei treten wir sie täglich mit Füßen. Bildlich gesehen und tatsächlich gesehen. Wir muten ihr soviel Schmutz zu, weil wir es ja bequem haben wollen. Wir rollen mit unseren Autos bis vor die Haustür. Klar – statt Dreckwegen: asphaltierte Straßen. Wir betonieren die Erde zu. Wir lassen die Industrie produzieren – auf Teufel komm raus. Tatsächlich kommt kein Teufel aus den Kaminen, aber teuflische Gifte. Wie aus den Auto-Auspuffen. Aber wir

wollen es ja so bequem haben. Heute. Nur, was werden unsere Kinder und Enkel morgen und übermorgen dazu sagen? Vermutlich: «Eine bodenlose Frechheit, die ihr uns da überlassen habt. Diese verbrannte Erde.»
Vielleicht sollten wir uns ja doch dafür einsetzen, daß wir statt dessen stolz sagen dürfen: «Laßt uns die Erde den Kindern übergeben!»

Erde – das ist der Lebensraum. Aber wir gehen damit um, als hätte die Erde einen doppelten Boden.

Über Jahrmillionen hinweg war der oberirdische Fels den Kräften der Atmosphäre ausgesetzt. Er wurde von der Sonne erhitzt, von gefrierendem Wasser gesprengt, vom Wind abgetragen, von Meeren und Flüssen mitgerissen und setzte sich dann als Geröll ab, als Schutt und Kiesel.
Als dann der Pflanzenwuchs einsetzte, schafften es die Wurzeln,

Tummeln am Boden – Erde ist überall gegenwärtig

den Boden zu lockern. Wie auch der Regenwurm, der so oft unterschätzte Bauingenieur des Bodens. Der Wurm ernährt sich von welken Blättern, und wenn er diese ausscheidet, ist Erde entstanden, vom Feinsten.

Ist Erde also der letzte Dreck?

Wenn wir eine Handvoll Humuserde aufnehmen, finden sich darin mehr Lebewesen, als die Erde Menschen hat. Dabei herrscht ein unglaublicher Vernichtungskampf in dieser so friedlich anzuschauenden Scholle. Organisches Material wird in fruchtbaren Boden verwandelt. Blätter und Aas dienen Bakterien und Pilzen als Nahrung. Die größeren Amöben fallen über diese Einzeller her, und die Amöben wiederum dienen den Würmern als Speise. Am Ende steht ein nährstoffreiches Gemisch, das den Pflanzenwuchs fördert und über die Nahrungskette den Menschen ernährt.

Jahrhundertelanger Raubbau aber hat dazu geführt, daß ganze Landschaften verkarsteten, daß der Boden weggeweht oder weggeschwemmt wurde. Zivilisation ist die eine Seite des Fortschritts. Um Kulturen zu erhalten, muß auch sorgsam mit der Bodenkultur umgegangen werden. Denn hundert Jahre dauert es, bis sich nur ein Zentimeter fruchtbare Erde wieder angesammelt hat.

Weinendes Gesicht im Felsen

Ein Erdenbewohner: Die Erdkröte

Die größte einheimische Kröte ist die Erdkröte. Das Männchen wird bis zu acht Zentimeter groß, das Weibchen dagegen fast doppelt so lang. Die Kröte hat einen kräftigen Körperbau, der etwas plump wirkt, und die bräunliche Haut ist mit zahlreichen Warzen übersät. Die Bauchseite der Erdkröte ist weißlichgrau. Die Pupille – das Sehorgan der Kröte – wird von einer kupferfarbigen Iris umgeben. Hinter den Augen fallen die großen, nach hinten auseinanderlaufenden Ohrdrüsen auf. Daraus scheidet die Kröte ein Sekret, eine Körperflüssigkeit, aus, die die Schleimhäute des Menschen (Nase, Mund) kräftig reizt. Wenn man diese Flüssigkeit in die Blutbahnen des Menschen spritzte, dann würde sie als starkes Gift wirken. Aber wer macht das schon?

Das Männchen kann nicht sehr gut sehen: Es springt während der Paarungszeit jeden Gegenstand an, der so groß oder etwas größer ist als ein Weibchen. Manchmal begräbt es auch ein anderes Männchen unter sich, das dann einen Befreiungsruf ausstößt: So etwa: «oäck-oäck-oäck».

Das Weibchen dagegen verhält sich zunächst still. Nach der Paarung suchen die Erdkröten ihren Laichplatz. Dort halten sie sich einige Tage im Schilf und im Grunde des Wassers auf. Das Weibchen streckt nach einigen Tagen die Hinterbeine nach hinten und läßt «die Geburt» los. Die Laichschnüre mit den «Kindern» werden zwischen Pflanzen verspannt.

Nach 14 Tagen etwa schlüpfen aus den Eiern die Larven. Die Kaulquappen, wie man sie auch nennt, sind daumenlang. Danach bildet sich aus einer Kaulquappe in zwölf Wochen die junge Erdkröte, die das Wasser schon verlassen kann. Auch wenn die Geburt im Wasser passiert, der Name Erdkröte haftet ihr an. Denn diese Kröte entfernt sich von dem Laichgewässer bis zu vier Kilometer weit. Man findet sie im Ackerland und sogar in bewohnten Gegenden.

Info Natur

Wenn der Sommer kommt, nutzen die Kröten die warmen Nächte zur Jagd auf Ameisen, Regenwürmer, Schnecken, Spinnen, Fliegen und Käfer. Sie haben nämlich seit dem Oktober des Vorjahres keine Nahrung zu sich genommen.
Im Herbst dagegen tasten sich die Erdkröten wieder näher an ihre Laichgewässer heran, bevor sie sich ab Oktober zur Überwinterung im waldigen Erdboden vergraben.
Feinde hat die Erdkröte wenige. Dafür ist das «giftige Sekret» eine gute Abwehrhilfe. Aber es gibt auch Freßfeinde, die diesem Gift gewachsen sind: Ringelnatter, einige Vögel, Dachs und Marder. Sie vermeiden dabei, das Drüsensekret zu fressen.
Der Feind, mit dem die Kröte aber nicht rechnet, ist der Mensch. Tod auf Straßen, Tod durch Überdüngung der Felder mit Chemikalien, Tod durch Zerstörung der Laichgewässer. Wie kann man den Erdenbewohner Kröte schützen?
Es gibt kleine Zäune, die während der Wanderungszeiten entlang den Straßen gebaut werden, und sogar Tunnel unter den Straßen. Aber da wachen oft die natürlichen Freßfeinde der Kröten, die schnell herausbekommen haben, wo entlang sich die Erdkröten bewegen. Ein willkommener Futterplatz für solche Tiere, denen die Kröte nicht im Halse steckenbleibt.
Eine Literaturliste über die Bestimmung, Gefährdung und den Lebensraum von Kröten bekommt ihr bei der Naturschutzjugend im Naturschutzbund Deutschland, Königsträßle 74, 70597 Stuttgart. Von dort stammen auch die Spielideen und das folgende Lied.

Spiel

Das Fangzaunspiel

Dieses Spiel kann sehr gut von Kindern bei einem Schulfest gespielt werden.
Ziel des Spieles ist es, den Kindern die Vorgänge an einem Fangzaun näherzubringen.
Man setzt etwa 15 Pflöcke (kurze Stangen) in die Erde ein und befestigt daran Seile oder schmale Stoffbahnen. Immer zwei aus

der Klasse haben einen Eimer (es kann auch ein Mayonnaise-Eimer oder ein großer Joghurt-Becher sein), und die kleinen Kröten bastelt man aus in der Länge geteilten Weinflaschenkorken (an die 50 «Kröten» sollten es schon sein). Jede Gruppe kennzeichnet ihre Korken mit einer Farbe.

Spiel

Dann werden drei Reihen Fangzaun nebeneinander gestellt – jeder etwa 12 Meter lang. Die Zäune stehen im Abstand von einem Meter zueinander.

An jedem Zaun verteilt man fünf Eimer in gleichem Abstand. Die Korken-Kröten werden auf die Eimer verteilt.

Die Mitspieler treten nun gegeneinander an. Der große Feind ist die Straße mit den rasenden Autos, die zwischen den Zaunreihen läuft. Dann werden die Korken hinausgeschleudert. Kommen sie auf die Straße, sind die Mitspieler gefordert, sie ganz rasch wieder hinter den Zaun zu holen.

Wer zuletzt seine Kröten gerettet hat, ist kein Verlierer. Immerhin haben sich alle um das Überleben der Kröten bemüht.

Aber Achtung: Wer Kröten einer anderen Farbe gerettet hat, bekommt einen doppelten Pluspunkt, der zu den eigenen Kröten hinzugerechnet wird. Denn die Natur fragt nicht nach Farbe, Gattung oder Geschlecht …

Ich hab 'ne kleine Kröte

Lied

(Ein Lied für die Kröte auf die bekannte Melodie von: What shall we do with a drunken sailor?)

Siehst du was kleines Braunes,
Siehst du was kleines Braunes,
Siehst du was kleines Braunes, hier in meinem Eimer?

Refrain nach jeder Strophe

Ich hab 'ne kleine Kröte,
Ich hab 'ne kleine Kröte,
Ich hab 'ne kleine Kröte, hier in meinem Eimer?

Lied

Ih – sie ist kalt und glitschig,
Ih – sie ist kalt und glitschig,
Ih – sie ist kalt und glitschig, hier in meinem Eimer.

Hörst du, wie sie quaken,
Hörst du, wie sie quaken,
Hörst du, wie sie quaken, hier in meinem Eimer?

Die Kröte ist ein Männchen,
Die Kröte ist ein Männchen,
Die Kröte ist ein Männchen, hier in meinem Eimer.

Es springt auf das Weibchen,
Es springt auf das Weibchen,
Es springt auf das Weibchen, hier in meinem Eimer.

Jetzt sind sie ein Pärchen,
Jetzt sind sie ein Pärchen,
Jetzt sind sie ein Pärchen, hier in meinem Eimer.

Ich bring sie über Straßen,
Ich bring sie über Straßen,
Ich bring sie über Straßen, hier in meinem Eimer.

Dann laß ich sie laufen,
Dann laß ich sie laufen,
Dann laß ich sie laufen, hier aus meinem Eimer.

Schlußrefrain
Jetzt hab ich keine Kröte,
Jetzt hab ich keine Kröte,
Jetzt hab ich keine Kröte mehr in meinem Eimer.

Aber bevor die ganze Erde in den Eimer geht – sollte man die kleine Erdkröte aus dem Eimer in die Natur entlassen. Wichtig dabei ist, daß sie ihren Lebensraum finden kann.

Mischa hält sich die Ohren zu. Seine Schwester spielt die Blockflöte heute so schräg, daß ihm das Zuhören weh tut.
«Das war ein falscher Ton!» hört man ihn rufen. Aber Denise hat einen Einfall: «Bruderherz», sagt sie, «ich kenne ein Teekesselchen. Das eine hört man, und das andere ist ganz glitschig.»
«Eine Kröte – ein Frosch. Matsche – Klatsche – Patsche?» rät Mischa, aber Denise sagt:
«TON – ist doch logo!»
Mischa und Denise gehören zu den Kindern, die gerne Geschichten hören und auch gerne Geschichten erzählen. Als einmal ein Schriftsteller in der 1. Klasse war und etwas aus seinen Büchern las, löcherte Denise diesen Mann mit Fragen. «Was muß man Besonderes haben, wenn man Schriftstellerin werden will?»
«Sei doch nicht so neugierig!» stieß Mischa seine Zwillingsschwester an. Ihm war die Quatscherei etwas peinlich.
Als ob Mischa dem Schriftsteller ein Stichwort gegeben hätte – eigentlich war Mischa so leise, daß er nur von seiner Schwester verstanden werden konnte –, sagte der junge Mann:
«Du mußt vor allen Dingen neugierig sein. Du mußt Interesse haben an den Dingen, die um dich passieren, und versuchen, die Zusammenhänge zu begreifen. Was ist die Grundlage von unserem Leben zum Beispiel?»
«Die Erde!» antwortete Denise. «Ich meine, der Boden, auf dem wir leben!»
Der Schriftsteller nickte. «Und wenn ihr mal *in* die Erde schaut, dann findet ihr noch eine ganze Menge mehr.» Er spielte auf sein Buch an, aus dem er vorgelesen hatte. «Schätze der Erde» heißt es. Und er gab noch einen guten Rat: «Seid immer neugierig! Begreifen könnt ihr nur, was ihr seht, was ihr anfaßt, was ihr also tatsächlich ‹begreift›!»

Das hatten Mischa und Denise verstanden, und als sie am Wochenende mit ihren Eltern in die Stadt fuhren, sahen sie in der Nähe des Rathauses eine Baustelle, die sorgfältig mit einem hohen Zaun abgeschirmt war. Denn da, wo ausgeschachtet worden war, sah man Häuserruinen aus einer Zeit, als die Römer diese Stadt gebaut hatten. 2000 Jahre sollte das her sein!
Als die Familie dann zum Abschluß des Tages ins Römisch-Germanische Museum ging, sahen Denise und Mischa noch ganz besondere Gefäße: Krüge, Kochtöpfe, Karaffen und vieles mehr.
Die Zwillinge nahmen sich einen Prospekt mit. *Ton* – dazu wollten sie mehr erfahren, und es gab – gar nicht so weit von ihrem Wohnort – tatsächlich ein Töpfereimuseum.
Frau Lautenschläger, die Lehrerin, spielte mit. Ein Tagesausflug nach Langerwehe war bald beschlossene Sache, und am Frühstückstisch hetzte Mischa seine Schwester.
«Denise, gib mal die Marmelade rüber. Beeilung, um neun fährt der Bus.»

Töpfereimuseum Langerwehe bei Düren – ein beliebtes Ausflugsziel

«Hier!» – Schwungvoll schob Denise die Marmelade über den Tisch und traf dabei Mischas Tasse.
«Meine Lieblingstasse. Kaputt!»
«Tut mir leid!» entschuldigte sich Denise. «Jetzt haben wir nicht mehr alle Tassen im Schrank!»

Wenn Denise wüßte, daß die Tasse, die sie auf dem Gewissen hat, aus Dreck entstanden ist.

Ton entsteht dadurch, daß Steine verwittern, zersetzt werden. Nicht jeder Stein wird zu Ton, aber viele Steine enthalten Teile, die nach der Verwitterung Tone werden, also plastisch verformbar sind.
Tone sind chemisch gesehen Verwitterungsrückstände tonerdehaltiger Silikate, besonders der Feldspate. Sie bestehen aus wasserhaltigen Aluminiumsilikaten, wie z. B. Kaolin. Durch die Aufnahme von Wasser wird das Material formbar.

Als Mischa vor dem Museum steht, stößt er seinen Freund Peter an. «Ich wußte es doch. Frau Lautenschläger hat immer nur Schule im Kopf. Guck mal, was da steht, es gibt hier nämlich Zeugnisse!»
«Töpfereierzeugnisse!» liest Peter. «Da ist doch nichts dran!»
«Lies' mal langsam», meint Mischa. «*Töpfer – Eier – Zeugnisse!* Ich sag doch, wie in der Schule!»
Denise ist mit einer Freundin losgegangen und fragt einen Mann an der Töpferscheibe: «Sind Sie der Museumsdirektor?»
«Nein», lacht Matthias Kurtz. «Ich habe hier meine Töpferwerkstatt, und wenn ihr Lust habt, dann könnt ihr mir zusehen.»
«Was machen Sie denn da gerade?»
«Ich schlage den Ton!»
«Wofür?»
«Daraus will ich ein Gefäß drehen. Und deshalb muß ich den Ton gut bearbeiten, ihn formbar machen, ihn durchschlagen!»
«Und was wird dann daraus?»
«Daraus wird ein Krug. So, jetzt stelle ich die Drehscheibe an.

Seht ihr, ich drehe den Ton hoch, erst einmal nach oben, damit die Wandstärke von unten nach oben gleichmäßig verteilt ist. Und danach bringe ich Form rein, indem ich von innen oder außen mehr oder weniger mit den Fingern oder auch nur mit den Fingerspitzen drücke. Wichtig ist, daß das Gefäß mittenzentriert ist, also daß man den ungeformten Tonballen genau auf die Mitte der Töpferscheibe aufsetzt. Sonst kommt eine ungleichmäßige Form zustande. Und noch etwas: Naß müssen die Finger sein. Aber auch nicht zu naß.»

«Wie lange muß man lernen», fragt Denise, «bis man so was kann?»

«Ich würde sagen, ein paar Monate muß man schon üben, aber so richtig ein Meister wird man erst nach Jahren. Denn das, was ich mir im Kopf vorstelle, das muß ich über meine Hände dem Ton eingeben. Und dazu gehört schon viel Erfahrung.»

«Das heißt also», wundert sich Denise, «daß Sie schon, bevor Sie das Stück Ton anfassen, wissen, was daraus wird?»

«Aber sicher doch», antwortet Herr Kurtz, «ich muß ja Kundenaufträge erfüllen, zum Beispiel ein ganzes Service mit 12 Tassen. Da kann nicht jede anders geformt sein.»

«Das könnte man ja wohl auch in der Fabrik machen, aber dann wären die Tassen sicherlich nicht so schön!» meint Denise. «Hat sich viel geändert mit den Töpferscheiben und so?»

«Ja, die Töpferscheiben laufen mittlerweile elektrisch. Aber die handwerkliche Tätigkeit, das Drehen auf der Scheibe, das Formen mit den Händen, das ist schon seit mehreren tausend Jahren unverändert. Nur die Hilfsmittel, die sind mittlerweile etwas moderner geworden.»

Noch lange schaut Denise den geschickten Händen des Töpfermeisters zu. Mischa hat sich inzwischen in einem anderen Teil des alten Gutshofes umgesehen, in dem sich das Museum befindet. «Warum», fragt er den Direktor, Herrn Dr. Burchard Sielmann, «hat man das Museum hier hingebaut?»

«Das hängt damit zusammen», antwortet der Museumsleiter, «daß gerade hier in Langerwehe bei Düren seit vielen Jahrhunderten Töpfer gearbeitet haben. Sogar schon im Mittelalter, vor tausend Jahren. Die eine Voraussetzung war, daß man hier Ton

finden konnte, und die andere, daß es Holz in der Nähe gab. Holz braucht man, um die fertiggestellten Tonwaren zu brennen. Beides war und ist hier vorhanden, nur der Ton ist mittlerweile erschöpft...»
«Erschöpft?» fragt Mischa ungläubig. «Hat der 'nen Boxkampf gemacht? Hängt in den Seilen?»
«Das heißt», hört Mischa, «daß es sich nicht mehr lohnt, die geringen Mengen an Ton aus der Erde zu holen. Woanders gibt es mehr davon. Das lohnt sich mehr für die Unternehmer!»
Mischa schaut sich um. «Und was kann man hier alles entdecken?»
«Oh, komm mal mit. Eine ganze Menge. Wir haben so ein Detektivspiel entwickelt, da muß man durchs Haus flitzen und Gegenstände suchen...»
«Oder umwerfen, wie meine Schwester meine Lieblingstasse!» sagt Mischa.

Altmodische Schnabeltassen – aber: gewußt wie!

«Lieblingstasse. Paß auf, ich zeige dir mal eine Tasse, damit haben die Frauen im Mittelalter ihre Kinder gefüttert. Also der Vorläufer der Babypulle steht hier, ein sogenanntes Nährgefäß. Diese Schnabeltasse ist 500 Jahre alt, das mußt du dir mal vorstellen!»

Mischa schaut sich weiter um. Mittlerweile hat auch Denise den Museumsdirektor «entdeckt».

«Was ist denn das für eine komische Röhre?»

«Das ist ein Musikinstrument aus Ton», antwortet der Museumsleiter. «Da hat man früher drauf gespielt.» Herr Sielmann führt die «Flöte» zum Mund und bläst einen Ton. «Diese Tröte hat nur einen Ton. Wenn man Trompete oder Posaune spielen kann, dann klappt das.»

«Aber wie soll man damit Lieder spielen?» wundert sich Denise.

«Das war ja auch nicht der Sinn der Sache. Mit dieser Tute sollte einfach Krach gemacht werden. Dazu mußt du wissen: Seit Jahrhunderten gibt es eine Tradition, die sich auch heute noch hält. Alle sieben Jahre findet eine Heiligtumsfahrt nach Aachen statt. Da werden dann die kostbaren Reliquien – das sind Erinnerungsstücke, Knochen und Kleidungsteile von Heiligen – im Aachener Dom ausgestellt. Und früher, wenn nun die Leute vor der Kirche warteten und dann diese Reliquien gezeigt wurden, dann waren sie so erfreut und erregt, daß sie Krach machen mußten. Manche haben das mit Hörnern getan, Rinderhörnern, aber die billigen Hörner, die haben die Töpfer aus Langerwehe geliefert. Da haben die Leute aus Leibeskräften drauf geblasen!»

Denise ist geübte Flötenspielerin. Aber einen Ton bekommt sie erst nach mehrmaligen Versuchen aus der Tröte raus.

Auch ein Ausflugstag geht einmal zu Ende. Als die Lehrerin ihre Schüler im großen Ausstellungsraum zusammenruft, stößt Mischa seine Schwester an.

«Sieh mal, diese Schnabeltasse da ist 500 Jahre alt. Hättest du besser aufgepaßt, dann wäre meine Lieblingstasse auch 500 Jahre alt geworden!»

«Da steht», Denise zeigt ihrem Bruder ein Plakat auf einer

Pinnwand, «da steht auch was. Ein Theaterstück. ‹*Der zerbrochne Krug*› – von Heinrich Kleist. Heinrich Kleister müßte der Schriftsteller besser heißen. Und dann regst du dich auf, wenn deine Tasse zu Bruch geht. Andere Leute machen daraus ganze Theaterstücke.»

Pädagogisches Angebot im Töpfereimuseum Langerwehe

Zum Museum gehört eine Werkstatt. Der Töpfermeister macht mit den Grundbegriffen des Handwerks vertraut. Kinder lernen, den Werkstoff Ton zu begreifen.
Verschiedene Gebrauchsgegenstände werden im Vergleich Früher-Heute ausgestellt. Wann ist es besser, Ton einzusetzen, wann künstliche Materialien?
Beim Detektivspiel entdecken die Kinder spielerisch die Töpfereigeschichte. In Gruppen werden gezielte Fragen zu Darstellungen und Gegenständen im Museum gestellt.
Ein Marktstand wie vor 100 Jahren umfaßt Gegenstände unterschiedlicher Materialien. Kinder in den Rollen der Käufer und Händler feilschen nicht um den Preis, sondern um die Verwendung des einen oder anderen Materials (warum ist Metall besser geeignet als Ton?).
Früher gab es Gebrauchsgegenstände aus Ton, in denen z. B. Butter hergestellt wurde. Hier ist vieles von dem ausgestellt.
Und letztendlich können Kinder selber töpfern. Lernziel ist das Kennenlernen der Eigenschaften des Werkstoffes Ton und das Erfahren, wie man ihn formt.

Das Lied vom Ton

Em G C C
Ton ganz rasch ein Krug,
Em7/H Gm/B♭ Am7 G
For - men kennt er vie - le, ge - nug.
G Refrain G Em
Hast du Ton– was ist das schon? Hast du
Hm Fmaj7 Am7
Tö - ne– schau - rig, schö - ne? Mach was
Em G Em6/C♯
draus, und du wirst sehn,
Em6/C♯ D6 Cmaj7 G
wel - che For - men dann ent stehn.

Das Lied vom Ton

Text: Harry Böseke
Melodie: Ulrich Türk

Ton ist Dreck und Dreck ist Erde,
daß aus Erde etwas werde,
was man dann auch nutzen kann,
darum dreht der Töpfer dann,
seine Scheibe ganz rasant –
und geschickt mit seiner Künstlerhand,
wird aus Ton ganz rasch ein Krug,
und Formen kennt er auch genug.

Refrain
Hast du Ton –
was ist das schon?
Hast du Töne –
schaurig, schöne?
Mach was draus, und du wirst sehn,
welche Formen dann entstehn.

Töne klettern auf der Leiter,
manchmal traurig – manchmal heiter,
und man hört ganz rasch sodann,
ob der Künstler spielen kann,
ob er weiß, wie seine Saiten
klingen und die Sinne weiten,
wie die Flöte Atemstrom
formt zu einem klaren Ton.

Refrain
Hast du Ton –
was ist das schon?
Hast du Töne –
schaurig, schöne?
Mach was draus, und du wirst sehn,
welche Formen dann entstehn.

Freunde der Erde

Ich habe Freunde auf der ganzen Erde. Das ist übertrieben.
Ich habe einen italienischen Freund, der mir beigebracht hat, mit wenigen Zutaten die herrlichsten Speisen zu kochen.
Ich habe einen griechischen Freund, der so belesen ist, daß er mir die ganze Welt in fast einem Buch erklären kann.
Ich habe einen türkischen Freund, der mir sagt, was Nachbarschaft heißt, in einem Wort. «Merhaba!», und da klingt soviel mit, daß ich glaube, ich hätte alle Menschen als Nachbarn.
Einen Freund habe ich nie persönlich kennengelernt. Er ist auch ein Türke. Letztes Jahr war ich mit meinem Freund Mirza und meinem Freund Martin bei unserem gemeinsamen Freund Cem in Istanbul, in der Türkei. Wir haben viel gelacht und viel geredet und haben uns wohl gefühlt, obwohl draußen der Winter die Stürme wüten ließ und die Ziegel von den Dächern blies. Wir haben im griechischen Lokal türkisch gegessen, und Cem hat gesagt, das Essen sei türkisch und griechisch zugleich.
«Wir haben alle voneinander gelernt, und das macht uns Erdenbewohner eben aus. Mono ist schlechter als Stereo, das wissen wir doch alle. Wir können nicht ohne die andere Kultur auf unsere eigene Kultur zurückschauen. Kultur ist immer etwas Gemeinsames. Kein Eintopf, aber etwas Wunderbares, was duftet und schmeckt und ...!»
Das sagte Cem. Wie aber mein unbekannter Freund in der Türkei heißt?
Nazim. Nazim Hikmet. Er lebt nicht mehr. Ich bin in seinem Lieblingspark spazierengegangen, dort wo er auf einer Parkbank die schönsten Lieder und Verse geschrieben hat, die ich kenne, und ich habe in Gedanken mit ihm auf der Bank gesessen, am Goldenen Horn, am Bosporus, im Herzen von Istanbul. Die Regierung hatte ihn eingesperrt. Viele Jahre lang.

Info

Er war ein Mensch, der den Menschen auf den Mund geschaut, aber ihnen nicht nach dem Mund geredet hat. Sonst hätte er nicht in Gefängnissen gesessen. Er hat eine Idee gehabt, und die heißt so:

Laßt uns die Erde den Kindern übergeben,
wenigstens für einen Tag.
Wenigstens für einen Tag soll'n sie satt werden,
laßt uns die Erde den Kindern übergeben!

Wenn ich *Erde* sage, dann seh ich vor mir die Erdkugel. Rund ist sie, und vom All aus gesehen erscheint sie uns als «der blaue Planet».

Wenn ich mir ansehe, wie unverantwortlich Politiker mit dieser Erde umgehen – aber auch Wirtschaftsmanager und letztendlich auch wir, dann müssen wir uns die Frage gefallen lassen, ob wir eine lebenswerte Erde an die Kinder übergeben können. Wir haben keine zweite Erde im Kofferraum. Wenn wir diese Welt aber liebenswert machen wollen, das Leben auf der Erde verbessern helfen, dann sollten wir über Grenzen hinwegschauen. Der Müll, den wir heute irgendwo in den Meeren versenken, das Ozonloch, das heute «erst an den Polen» klafft, die Not vieler Menschen in der sogenannten 3. Welt, die wir ausnutzen: Das alles geht uns auch in Europa an. Gerade uns!

Der Reichtum dieser Erde mit den Bodenschätzen, mit der Hitze des Feuers im Kern, der Luft zum Atmen, dem Wasser zum Leben, gehört allen Erdenbewohnern. Teilen wir ihn schwesterlich und brüderlich. Eine Vorstellung von einem menschlichen Leben auf der Erde hatte auch mein Freund Nazim Hikmet:

Leben, einzeln und frei wie ein Baum,
und brüderlich wie ein Wald,
das ist unsere Sehnsucht!

(Aus dem Türkischen u. a. in: Täglich eine Reise von der Türkei nach Deutschland. Fischerhude 1980)

Eine Reise in die Vergangenheit

Daß man für eine Reise in die Vergangenheit eine S-Bahnlinie benutzen kann, das wissen viele noch nicht.
Tatsächlich: zwischen Düsseldorf und Wuppertal hält diese Bahn am Bahnhof «Hochdahl-Millrath».

Alt und jung dicht beieinander – Im Neandertal

Schon sind wir im Neandertal. Herr Neander war ein Kirchenlieddichter, und weil er in dem romantischen Höhlental oft und gerne spazierenging, hat dieses Tal an der Düssel, einem schmalen Bach, seinen Namen erhalten.

Viel bekannter aber ist diese Gegend durch den Fund des *Neandertalers.* Und weil man ein wenig in die Vergangenheit gereist ist, hat man dort auch ein Wildgehege mit Tieren eingerichtet,

Wir sind alle Kinder einer Erde

die auch schon zur Zeit des Neandertaler Höhlenmenschen in dieser Gegend heimisch waren: Auerochsen, Tarpane (das sind Wildpferde) und Wisente.
Wenn man heute nach Höhlen sucht, wird man enttäuscht. Eine Landschaft ist nahezu weggebaggert worden, denn hier wurde Kalkstein abgebaut, als Baustoff begehrt.
Beim Abbau einer der zahlreichen Höhlen des Tales, der Kleinen Feldhofer Grotte, fanden im Jahre 1856 zwei Arbeiter das 60 000 Jahre alte Skelett eines Mannes, der fortan als *Neandertaler* (oder *Neanderthaler*) in den Schulbüchern weiterlebte.
Teile des Skeletts sind heute im Neanderthal-Museum zu sehen. Was uns verblüfft, ist ein Nachbau dieses Menschen: Mit einem Anzug angetan und einer heutigen Zeitung in der Tasche könnte er fast unserer S-Bahn entstiegen sein. Also war dieser alte Mann doch gar nicht so viel anders als wir heutzutage? Zugegeben: der Schädel war etwas flacher als unserer – aber von einem Menschen*affen* zu sprechen, das ist doch gewagt.
Im Museum erfahren wir eine ganze Menge über die Entdeckung dieses «Vor-Menschen», seinen Lebensraum und seine Umwelt, und wir sehen auch Handwerkszeuge, die in der damaligen Zeit gebraucht wurden. Noch heute kommt es vor, daß Sammler beim Absuchen der Felder in der Umgebung Steinwerkzeuge entdecken.
Der *Neandertaler* war nicht nur in der Gegend um Düsseldorf heimisch. Während der letzten Eiszeit war diese Rasse von Westeuropa bis Asien verbreitet.
Die *Neandertaler Höhlen* bestanden aus Grotten zu beiden Seiten des Düsselbaches und waren nur schwer zu erreichen. Die Lage der Höhlen in 30 bis 50 Meter über der Talsohle ließ sie unberührbar und wild erscheinen.
Die *Engelskammer* auf der linken Seite des Baches bestand aus Kalkstein und war mit dünnem Sinter (das heißt soviel wie «angeschmolzener Belag») überzogen. Der innere Raum dieser Höhle war bei Tage ganz erleuchtet, weil die Öffnung gegen Süden lag.
Dagegen lag die gegenüberliegende *Teufelshöhle* ganz im Dunklen. Ein idealer Ort für Legenden und Sagen.

In einer anderen Höhle fanden sich Rabennester, und deshalb wurde sie *Rabenstein* genannt. Wie unheimlich muß es dort gewesen sein!
Wolfsgrube war eine weitere Höhle benannt. Wölfe mögen wohl auch zur Lebenszeit des ausgestellten Neandertalers in dieser Gegend ihre Beute gerissen und verzehrt haben.
Seltsame Gebilde fanden sich im Kalkstein. Die *Löwengrube* war aus Tropfstein geformt. Schauerhaft muß es hier einst gewesen sein.
Die *Leuchtburg* dagegen hatte ihren Namen durch eine Öffnung, in die Licht einfiel. Die *Neanderhöhle* bestand aus einem riesigen Felsbogen.
Im Neandertal nimmt die Urgeschichte auch heute noch greifbar Gestalt an. Die aufragenden Felsen sind immer noch Orte, wo man sich Geschichten ausdenken kann, wie es in früheren Zeiten mal «auf dieser Erde» ausgesehen haben mag. Seit 1921 ist das vielbesuchte Tal ein Naturschutzgebiet. Bald danach wurden hier wichtige Steinwerkzeuge gefunden: ein großer Faustkeil und ein Schaber; sie weisen auf eine der ältesten Kulturstufen der Altsteinzeit hin.
«Es wird immer von *dem* Neandertaler gesprochen!» mag jemand motzen. «Gab es denn keine Neanderfrauen?»
Und ob. Die Steinzeitfrau war viel entscheidender für die Prägung unserer Kultur als der Steinzeitmann. Das behauptet jedenfalls die Wissenschaftlerin Rosalind Miles. Jagd war in den von ihr untersuchten 175 alten Kulturen nahezu ausschließlich Männersache. Aber die Jagd war wenig ergiebig. Fleisch stand selten auf dem Speiseplan, und trotzdem mußte keiner verhungern. Die Frauen schufteten nämlich den ganzen Tag als Sammlerinnen. Sie sammelten Beeren, Wurzeln, Gräser und Blätter, aber auch Ameisen, Schnecken und Raupen.
Und noch etwas hat die Frau «erfunden»: den Sammelsack. Was sich vielleicht lächerlich anhört, gehört trotzdem zu den entscheidenden Entwicklungen. Wie sollte die Frau das jüngste Kind tragen und gleichzeitig sammeln? Sie band sich einen Sack um, und weil das Kind auf der linken Seite nahe dem Herzen ruhte, sammelte sie mit der rechten Hand. Dies mag eine

Erklärung dafür sein, warum wir heute überwiegend Rechtshänder sind.
So hatte eine sanfte Erfindung viel größere Folgen als die ganzen Jagdwaffen der Männer.
Auch wenn die Steinzeitfrauen in der Regel nicht älter als 20 Jahre wurden, sie haben das Überleben ihrer Sippe gesichert.
Also kann man sogar heute noch aus der Steinzeit etwas lernen.
Man muß nur die Erde über dem Stein ein wenig wegkratzen …

Rätselhafte Erde. Ein Ratequiz

Vieles wird über die Erde gesagt. Man nennt die Kugel, auf der wir leben, Erde. Erde ist auch Dreck, und vieles, sehr vieles wird unter den Begriff Erde gefaßt. Was wißt ihr wirklich von der Erde?

1. Warum sagt man allgemein: «Mutter Erde»?

a) Weil wir alle aus dem «Mutterboden» stammen.
b) Weil Erde uns wie eine Mutter Nahrung gibt.
c) Weil wir in Wirklichkeit alle Schrauben sind und die Erde die dazugehörige «Mutter».

2. Der Ackerbau bildete viele Jahrtausende und auch heute noch den Mittelpunkt aller Kulturen. Woher kommt das Wort «ackern»?

a) Davon, daß man beim Aussähen und Ernten richtig hart arbeiten, «ackern» muß.
b) Davon, daß man den Acker bestellt und ihn pflegt.
c) Davon, daß man beim Anbau von Pflanzen die «Hacke» (früher: die Acke) benutzt.

3. Auf dem Gebiet des Wegebaus sind besonders römische Bauwerke rühmend hervorzuheben. Warum?

a) Weil die Römer in ihrem Weltreich ein technisch vorzügliches Wegenetz errichteten, mit Straßen, Brücken und Kanälen.
b) Weil die Römer frech geworden waren und einfach behaupteten, daß sie die besten Straßenbauer seien.

c) Weil die Römer ganz früh schon schnelle Autos bauten und deshalb gute Straßen brauchten.

4. Der Erd-Boden ist der Lebensraum für Pflanzen in solch einer Menge, daß man sie nicht einmal alle zählen kann. Pflanzen haben verschiedene Arten von Wurzeln. Welche Wurzeln kann man essen?

a) Die Kubikwurzel.
b) Schwarzwurzeln, Rüben, Möhren.
c) Blumenwurzeln.

5. Wieso sagt man, daß im Moor Geister leben?

a) Weil die ja irgendwo leben müssen.
b) Weil sich die weichen Geister besonders gerne im weichen Moor aufhalten, denn im Gestein hätten sie keinen Lebensraum.
c) Weil im Moor Gase entweichen und diese manchmal leuchten können: «Man sieht Geister im Moor!»

6. Aristoteles nannte vor über 2000 Jahren den Regenwurm: «Die Kuh unter dem Acker». Warum wohl?

a) Weil die Regenwürmer sich unter dem Acker über die Kühe über dem Acker «aufregen» (deshalb besser Aufregen-Würmer).
b) Weil sie, was die meisten nicht wissen, bei Bedrohung eine Art milchige Flüssigkeit als Regen absondern.
c) Weil die Regenwürmer unendlich viel gute Erde schaffen, die mit allen Nährstoffen angereichert ist und tatsächlich «Nahrung für den Boden» bedeutet.

7. Naturschutzgebiete gibt es in fast allen Ländern der Erde. Was glaubt ihr, wieviel Prozent Anteil am Boden dieser Erde diese geschützten Gebiete ausmachen?

a) 1 Prozent.
b) 5 Prozent.
c) 15 Prozent.

8. Manchmal sieht man Hubschrauber, die über Wälder fliegen und etwas «Weißes» abwerfen. Dieses «Etwas» soll dem sauer gewordenen Waldboden wieder helfen, sich zu «regenerieren». Welch ein seltsames Pulver ist das?

a) Zucker, weil gegen Saures ja nur was Süßes hilft.
b) Kalk, weil der die Säuren bindet.
c) Cyankali, weil das dem sauren Boden hilft.

9. Brennesseln gelten als «Un-Kraut». Dabei nehmen sie schädliche Nitrate aus dem Boden auf und verhindern damit, daß sie ins Grundwasser gelangen. Welchen Namen gibt man heute den «Un-Kräutern»?

a) Schmarotzer.
b) Pflanzliche Fabriken.
c) Naturkräuter, Naturpflanzen.

10. In einer Handvoll bester Humuserde leben mehr Lebewesen als auf der ganzen Erde Menschen!

a) Das stimmt.
b) Das stimmt niemals.

Auflösung: 1 b; 2 b; 3 a; 4 b; 5 c; 6 c; 7 a; 8 b; 9 c; 10 a.

Drei Aufgaben für Kinder, die gerne in der Natur stöbern

Sammelsurium

Es heißt, wenn jemand etwas ohne Grundlage dahersagt, also ohne es genau zu wissen: er handelt «bodenlos». Also ohne einen festen Boden unter den Füßen zu haben.
Nehmt das Wort einmal anders. Was ist auf dem Boden los? Sammelt fünf Gegenstände, die ihr auf dem Boden findet. Danach macht euch Gedanken, warum gerade diese Gegenstände oder Lebewesen von euch ausgesucht worden sind.
Ordnet die Fundsachen nach:

- «natürlich» – «unnatürlich»
- «pflanzlich / tierisch» – «künstlich hergestellt»
- «wertvoll» – «wertlos»

Ihr werdet feststellen, daß die Trennung nicht so einfach ist. Was dem einen als wertvoll erscheint, hat für den anderen keinen Wert. Je nachdem, wie ihr die Natur betrachtet, kann eine Brennessel wertlos sein und eine Coladose, auch wenn sie leer ist, wertvoll (weil darauf vielleicht ein Wappen der beliebten Fußballmannschaft abgebildet ist). Redet darüber miteinander und findet Begründungen, warum gerade dieses und jenes natürlich und das andere unnatürlich ist. Ihr werdet merken, es kommen dabei ganz interessante Behauptungen heraus.

Was reagiert denn da?

Man muß sich den Boden als einen Menschen vorstellen. Als einen Organismus, der ständig wechselnden Prozessen ausgesetzt ist. Stoffwechselprozesse (das heißt Veränderungen von einem Stoff zu einem anderen hin, also ein chemischer Prozeß) führen zum Aufbau neuer Stoffe. Was verändert den Boden?
Es sind klimatische Faktoren: Wind, Sonneneinstrahlung und

Regenfall. Manche Lebewesen können nur mit Wasser entstehen, andere brauchen das «Feuer», die Sonne.
Denkt einmal an Torf. Wenn ihr Wasser darauf schüttet, wird das Wasser bald «versickert sein». Ist das ein physikalischer oder ein chemischer Prozeß?
Um es klarzustellen: Durch Wasseraufnahme bleibt Torf weiterhin Torf. Er verändert sein Wesen nicht. Nachdem das gewässerte Torfstück getrocknet ist, hat man wieder trockenen Torf.
Anders ist es bei Eisen. Wenn ihr Eisen in Wasser legt, das wißt ihr, dann fängt es irgendwann an zu rosten.
Rost ist eine Verbindung von Eisen und Wasser. Die beiden Stoffe gehen eine chemische Verbindung ein. Man kann die Veränderung mit dem Auge nicht beobachten, so langsam geht das. Aber wir alle wissen, daß Rost «Eisen frißt». In Wirklichkeit haben beide Stoffe miteinander eine neue Verbindung entstehen lassen. Wenn das Eisen trocken ist, dann ist es dennoch «angerostet». Ein neuer Stoff ist da: Eisenoxyd.
Sammelt fünf Gegenstände und überprüft, ob sie mit Wasser eine Verbindung eingehen, also «chemisch reagieren».
Eine Plastiktüte wird nicht reagieren.
Eine Münze vielleicht. Silber? Nein! Eisen? Ja!
Eine Pflanze kann sich verändern, indem sie «frischer» wirkt. Aber ihr Wesen ist dadurch nicht verändert. Fehlt ihr Wasser, dann wird sie wieder welken.

Empfindlich wie ein Luftballon ...

Boden – das ist ein sehr kompliziertes System aus Stoffen. Er besteht aus mineralischen Stoffen; er hat feste, flüssige und gasförmige Bestandteile. Betrachtet einen Luftballon.
Ist das Verhältnis richtig? Ist die Haut des Luftballons der Boden und das, was die Kugel sonst ausmacht, der Stein und das flüssige Magma unter dem Boden?
Das Verhältnis ist nicht so, wie man glaubt. Nur wenige Zenti-

meter bis hin zu mehreren Metern Erde bedecken die Gesteine. Rechnet mal aus, wie groß der Erddurchmesser ist. Nehmt an, daß die Erdschicht drei Meter mißt. Wie ist dann das Verhältnis zwischen Erde und «Haut»?

Aufgabe

Der Europarat hat in einer «Europäischen Bodencharta» 1972 festgestellt, daß Böden zu den wertvollsten und begrenzten Gütern gehören.

(Die Anregungen für diese Betrachtungen entnahm ich dem Buch BODEN von Jürgen Forkel, Verlag an der Ruhr, Mülheim a. d. Ruhr, 1988, in dem neben vielen Projektbeispielen auch eine umfangreiche Literatur- und Materialienliste zu finden ist.)

Zitate

Sprichwörter rund um die Erde

«Denn du bist Erde und sollst zu Erde werden.»

(1. Mose 3,19)

«O wunderschön ist Gottes Erde und wert,
darauf vergnügt zu sein.»

(Ludwig Heinrich Christoph Hölty, Aufmunterung zur Freude)

«Der Erdenkreis ist mir gut bekannt.
Nach drüben ist die Aussicht uns verrannt.»

(Johann Wolfgang von Goethe, Faust)

«Das Erdetreiben, wie's auch sei, ist immer doch nur Plackerei.»

(Johann Wolfgang von Goethe, Faust)

«Erde gleißt auf Erden in Gold und Pracht; Erde wird Erde,
bevor es gedacht; Erde türmt auf Erde Schloß, Burg, Stein;
Erde spricht zur Erde: Alles wird mein!»

(Theodor Fontane, Gedichte)

HABITAT

Es gibt ein wunderschönes Kartenspiel. Der Name ist HABITAT (© und Bezugsadresse: Moritz Egetmeyer, Postfach 1251, 79196 Kirchzarten). Auf diesen Karten sind kleine Szenen abgebildet: Ein Elch kommt im Winter in ein Dorf, um Futter zu finden. Menschen umklammern einen Baum, damit er nicht abgeholzt wird. Ein Raubtier liegt auf der Lauer, um seinen Lebensraum vor den drohenden Gewehren der Menschen zu verteidigen.
Fast alle Darstellungen haben etwas mit der Natur und ihrer Bedrohung zu tun.
Ich beginne das Spiel, indem ich die Karten mische und sie umgedreht auf den Tisch lege.
Nun erzähle ich eine Phantasie-Geschichte:
Die Karte zeigt eine Andenlandschaft mit einem Dorf, in dem die Menschen am Boden kauern.
Eines Tages kam in ein Urwalddorf, hoch in den peruanischen Anden, ein Mann, der sagte: «Ich will euch allen den Wohlstand bringen. Gebt mir nur etwas Zeit, und ihr werdet alle so reich, daß ihr niemals mehr Hunger leiden müßt…»
Der nächste nimmt eine Karte auf, die einen Puma zeigt, wie er ein Schaf in den Klauen hält.
«Ich möchte euer Beschützer sein!» sagt der Mann. «Ich will gar nicht viel von euch. Nur eure Ziegen und Schafe. Wenn ihr sie mir gebt, dann werdet ihr glücklich sein!»
Der nächste Spieler deckt die Karte auf, und sie zeigt einen riesigen Kaktus in einer Wüstenlandschaft, an dem sich ein Mann mit Sombrero ausruht.
«Ich komme aus Arizona, aus der Wüste. Und weil ich euch den Wohlstand mitbringe, müßt ihr mir nur Glauben schenken und eure Ziegen und eure Schafe. Vielleicht auch noch den Schmuck, den eure Vorväter euch vererbt haben!»
Und so geht die Geschichte weiter. Der Verlauf ist nicht genau

vorherzusagen. Denn die Karten sind ja gemischt. Immer aber wird ein Gedanke mitschwingen: «Diese Erde haben wir uns nur geliehen. Wer sie ausbeuten will, der hat nicht verstanden, was die Erde für uns wirklich bedeutet!»
Schluß des Spieles ist, wenn der Kartenstapel durcherzählt worden ist.

Reiseandenken

Die Gruppe teilt sich in Spielpaare ein. Jedes Paar bekommt einen Beutel, in dem es «Andenken aus einem fernen Land» mitbringen soll. Das Spielpaar muß fünf Gegenstände sammeln, die für ein Land «typisch» sind. Jedes Paar denkt sich also «sein Land» aus, aus dem es seine Reiseandenken mitbringt.
In der Reihenfolge – zum Beispiel: das weiteste Land darf beginnen – werden die Gegenstände ausgepackt. Die anderen Spielpaare müssen nun erkennen, aus welchem Land diese «typischen Andenken» mitgebracht worden sind. Dann erzählen die Andenkensammler, was ihre Gegenstände bedeuten und warum sie gerade diese ausgewählt haben.

Die Sprache der «Außerirdischen»

Fünf Kleingruppen werden gebildet. Diese ordnen sich einem fernen Planeten (Saturn, Venus, Neptun, Pluto, Jupiter) zu. Der Spielleiter hat fünf Gegenstände auf den Tisch gestellt, die nun von den Außerirdischen gedeutet werden sollen. Natürlich kennen sie die Sprache der Erdenbewohner nicht. Aber das Interessante ist, daß sie durch eine Art Umschreibung diese Gegenstände den anderen Planetenbewohnern deutlich zu machen versuchen.
Beispiel: ein Handschuh

- Jupiter: *Fingerwärmflasche*
- Pluto: *Fünfo-Fingero-Garage*
- Saturn: *Unbekanntes Flugobjekt*
- Venus: *HautvoneinerKuhseltsamgeformt*
- Neptun: *Hüllo-für-Wintero*

So geht es reihum, und jeder wird eine andere Sprache finden. Die Gruppen haben sich jeweils auf eine Bezeichnung für einen Gegenstand geeinigt. Dabei gerät so manches durcheinander. Der Spielwitz ist die Spielidee. Andere Planetenbewohner würden Gegenstände unserer Erde sicher ganz anders benennen.

Hast du Töne…?

Zu diesem Spiel bilden wir mehrere Kleingruppen, drei bis fünf Personen stark. Jede Gruppe wird beauftragt, fünf verschiedene Gegenstände zu beschaffen, mit denen sich Töne erzeugen lassen: Topfdeckel, Flaschen (mit Erde oder mit Sand gefüllt). Anschließend stellen die Gruppen ihre Geräusche vor und entwickeln mit den anderen Gruppen eine kleine Komposition, in der die Klänge aller Beteiligten vorkommen.

Die ganze Welt ist ein einziger Klangraum mit vielen Tönen

Mutter Erde

Auf einem Feld, welches ein freundlicher Bauer beackert, stehen in diesem Jahr eine ganze Menge Runkelrüben. Diese wachsen in der Erde, und man sieht sie nicht, die Rübe. Was man aber sieht, sind die grünen Blätter, die sich über dem Erdboden entfalten und sich sanft im Wind hin und her wiegen. Diese Rüben und ihre Blätter werden vom Menschen verschmäht. Sie dienen dem Vieh als Futter. Die Rübe nimmt sich ihre Nahrung aus dem Boden, und wenn es geregnet hat und die Erde feucht geworden ist, lösen sich Salze und andere Mineralien im lehmigen Boden auf und geben der Runkelrübe Kraft, damit sie größer und immer größer wachsen kann. Letztes Jahr geschah Folgendes:

Auf einem angrenzenden Feld hatte der Bauer Rotkohl angepflanzt. Ein Kohlkopf, der besonders nah am Rübenacker stand, ärgerte sich über seine ungeliebten Nachbarn.

Zu einer etwas größer gewachsenen Runkelrübe sprach der Kohlkopf:

«Du bist keine von uns!» Den Kopf hielt der Rotkohl besonders weit in die Höhe gestreckt. «Was suchst du eigentlich hier?» fuhr er fort. «Wir Kohlköpfe leben stolz auf dieser Erde. Wir zeigen uns und müssen uns nicht verstecken wie du, die nur von Tieren gefressen wird!»

Der Kohlkopf holte tief Luft und spottete weiter: «Wie du schon aussiehst, du runzelige Runkelrübe... Deshalb mußt du dich wohl in der Erde verkriechen!»

Die Runkelrübe war über diese Überheblichkeit so entsetzt, daß sie sich ein wenig aus der Erde hinaus bewegte und dem Kohlkopf erwiderte:

«Spotte du nur. Spotte nur. Ich jedenfalls schütze mich in der wärmenden Erde. Sie gibt mir ein weiches Bett, und ich fühle mich immer gut behütet.»

Der Kohlkopf schaute auf die Rübe.

«Angst hast du! Angst! Du mußt dich verstecken, weil du so

häßlich bist und nur Tiere sich dich als Futter einverleiben!»
«Ha, ha!» lachte die Runkelrübe. «Ob das einen Unterschied macht, wer uns verspeist!»
Und sie setzte nach: «Die Erde ist doch unser aller Mutter!» Sie genoß die Wärme der schützenden Erde. Die Sonne war unterdessen schon untergegangen, und der Kohlkopf fror.
«Wie gerne hätte ich auch so ein wärmendes Bett!» sagte der Kohlkopf zu sich und überlegte einen Moment, ob er denn der Rübe nicht Unrecht zugefügt hatte. Dem Kohlkopf fröstelte es, und lediglich seine Wurzeln nahmen ein wenig von der Wärme auf, die überreichlich in der Erde steckte. «Die Erde ist doch unser aller Mutter!» sagte jetzt der Kohlkopf zu sich und schlief grübelnd ein.
Als ein Reh auf das Feld trat und sich auf den Rotkohl zubewegte, spürte die Rübe das an der Erschütterung des Bodens. «Gefahr!» dachte sie und fing daraufhin an, ganz mächtig mit ihren Blättern zu fächern, was einen so starken Wind verursachte, daß das Reh flugs von dannen eilte.
Der Rotkohl aber, der die Gefahr nicht erkannt hatte, dachte immer noch darüber nach, ob er denn die Rübe zu Unrecht verspottet hatte. Und als die Runkelrübe dem Kohlkopf von der abgewendeten Gefahr erzählte, sagte dieser leise: «Wenn dich mal jemand bedroht, weißt du, was ich dann mache?»
«Was denn?»
«Dann rolle ich einfach auf dich zu, und mein Rollen und mein Grollen werden die Gefahr abwenden!»
Die Rübe aber lachte mehr und mehr und gar so viel, daß die ganze Erde wackelte.

Experimente mit Erde

1. Ist der Boden sauer?

Humuserde, Wasser und Luft spielen für die Fruchtbarkeit eines Bodens eine große Rolle. Aber nicht die entscheidende. Wichtig ist, wie der Boden chemisch reagiert.
Ist er kalkhaltig, dann reagiert er alkalisch. Ist er kalkarm, reagiert er sauer.
Diesem Umstand wird ja beim Kalken von Wäldern Rechnung getragen. Hubschrauber werfen tonnenweise Kalk ab, um sauren Boden zu «puffern», das heißt, ihn von der Übersäuerung zu befreien.
Ich habe nun ein kleines Experiment vor. Darum habe ich mir Salzsäure besorgt und sie so verdünnt, daß die Säure 25 Prozent «stark» ist.

Ist die Erde sauer?

Dann gebe ich verschiedene Bodenproben auf kleine Teller. Mit einer Pipette (wir kennen so ein Tropfgerät von Nasen- oder Ohrentropfen her) bringe ich dann jeweils einige Tropfen dieser verdünnten Salzsäure auf die Proben.
Ergebnis: Manche Bodenproben brausen ganz stark auf, andere nur wenig oder gar nicht.
In ein Diagramm übertragen sieht das dann so aus:

Reagenz: 25 Prozent Salzsäure	**Kalkgehalt in Prozent**	**Boden ist:**
keinerlei Aufbrausen	Kalkgehalt unter 0,5	kalkfrei bis kalkarm
schwaches, nicht anhaltendes Aufbrausen	Kalkgehalt 0,5 – 2,0	schwach kalkhaltig
deutliches Brausen	Kalkgehalt 3,0 – 4,0	mäßig kalkhaltig
starkes, anhaltendes Brausen	Kalkgehalt über 5,0	stark kalkhaltig

Experiment

Dieses Experiment kann uns helfen festzustellen, was wo am liebsten wächst.
Probiert es selber: Listet auf, welche Pflanzen auf den von euch getesteten Böden wachsen. Welche haben lieber den sauren Boden, welche lieber den kalkhaltigen Boden?

Erde braucht Wasser. Wir basteln einen Regenmesser

Sonne, Wind und Regen sind Umweltfaktoren, die sich auf den Bewuchs, Lebensformen und Zustand des Bodens auswirken. Bei den Meldungen der Wetterwarten hören wir die Menge des Regens mit Millimeter pro Quadratmeter angegeben. Ein Quadratmeter? So groß soll unser Regenmesser aber nicht sein.

Wir brauchen:

- eine Kaffeedose (Packungsgröße für ein Pfund Kaffee);
- einen Blumentopf, möglichst aus Plastik (dies deshalb, damit er kein Regenwasser aufsaugt und unser Ergebnis verfälscht. Helfen kann man sich, indem man einen Ton-Blumentopf innen mit Klarlack ausstreicht);
- ein Auffanggefäß. Dieses kann schon mit einer Eichung (das heißt einer «Meßlatte») versehen sein. Ansonsten schüttet man den Inhalt später in einen Meßzylinder (50 Milliliter).

Nun stellen wir das Auffangglas in die Kaffeedose und den Blumentopf (der hat ja ein Loch) auf die Dose (er wird mit dem unteren Durchmesser reinpassen). Mehrere solcher Auffang-«becken» werden nun aufgestellt. Tragt die Standorte in eine Lagekarte ein.
Jeden Tag wird gemessen. Wichtig ist, daß dies um die gleiche Zeit passiert. In einem Schaubild werden die Niederschlagmengen notiert.
Damit ein Vergleich mit den «Profis» möglich ist, muß noch umgerechnet werden. Die Auffangfläche des Blumentopfs beträgt etwa 100 Quadratzentimeter. Um auf einen Quadratmeter

zu kommen, muß man mit 100 multiplizieren. Also: bei 20 Milliliter Regenmenge auf 100 Quadratzentimeter ergibt sich eine Menge von 2000 Milliliter (das sind 2 Liter) pro Quadratmeter, und das ist in Millimeter ausgedrückt: 2 Millimeter/Quadratmeter Niederschlag.

Ein Schloß für die Hummel

Dies ist ein Experiment, bei dem wir selber Bauherren sein können und dabei noch einen Vorteil haben: Wir wissen, wo das Schloß steht. Wir können beobachten, wann die Hummel welche Blüten besucht, und im Nest-Schloß sehen wir, wie sich der Wabenbau vollzieht, wie das Futter gespeichert wird und wie sich das abgelegte Ei entwickelt. Natürlich muß diese Beobachtung mit Vorsicht und Zurückhaltung passieren.
Hummeln werden oft als unangenehme Bewohner angesehen. Für viele Pflanzen aber sind Hummeln als Bestäuber unbedingt nötig: Sie haben einen längeren Rüssel als Bienen und vor allem ein höheres Gewicht. Sie können also mehr «transportieren».
Die Hummel ist doch ein seltsames Tier: Bei einem Körpergewicht von etwa zwei Gramm und einer Flügellänge von nur einem Zentimeter kann die Hummel eigentlich gar nicht fliegen. Aber sie weiß es nicht!
(Das soll ein Flugzeugkonstrukteur gesagt haben – und nach dem «Prinzip» der Hummel baute er seinen Hubschrauber.)
Bei den Hummeln überwintern nur die befruchteten Jungköniginnen. Sie gründen ihren Staat in Höhlen von Kleinsäugern. Diese Höhlen sind oft nicht leicht zu finden, der Eingriff des Menschen in die Natur hat auch hier schon Schaden angerichtet. Trocken muß so eine Höhle sein, damit keine schädlichen Pilze wuchern können. Um den Jungköniginnen etwas zu helfen, können wir leicht ein Schloß anlegen.
Wie sieht so ein Schloß aus?
Wir graben ein Loch in den Boden, so, daß ein Blumentopf hineinpaßt. Bevor wir den Topf, der natürlich ein Loch unten im

Boden hat, in die Erde lassen, geben wir etwas groben Kies als Unterfütterung, als Drainage hinzu. So wird überflüssiges Wasser abgeleitet. Seitlich führen wir nun ein Bambusrohr bis in die Drainage unter dem Topf. Hier werden die Hummeln ihren Eingang haben. Ideal ist es, den Blumentopf zur Hälfte mit Watte auszufüttern und ihn – z. B. – mit einem Deckel oder Suppenteller abzudecken. Damit alles seine natürliche Abrundung erhält, legen wir eine Moosabdeckung über den Teller. Dieses Schloß ist geeignet für Erd-, Wiesen-, Acker- und Steinhummeln.

(Nach: Jürgen Forkel: Boden. Mülheim a. d. Ruhr 1988. Verlag an der Ruhr)

Ein Mitspieltheater-Stück: Das Super-Ei

Franziska und ihr Bruder Jan kommen auf ihrem Schulweg an einem großen Super-Ei vorbei – aus Stein. Es steht als Erinnerung an viele Jahre Steinbruchindustrie in dem Dorf an der Sparkasse.

Franziska: Jetzt ist bald Ostern. Wenn ich mir dieses dicke Stein-Ei ansehe, dann müßten wir ein großes Band darum wickeln und es Mama und Papa schenken.

Jan: Das können wir doch gar nicht tragen.

Franziska: Ist doch egal. Mal sehen, wie die sich daran abschleppen.

Jan: Ein Osterei aus Schokolade ist mir viel lieber.

Franziska: Aber so ein Felsbrocken ist so hart, da würden Mama und Papa sich die Zähne dran ausbeißen. Wetten?

Ein seltsamer Stein in der Landschaft

Die beiden Kinder kommen in die Schule. Die Lehrerin hat einige Pflastersteine mitgebracht und hält sie hoch.

Lehrerin: Dieser Stein hier hat viel mit unserem Dorf zu tun. Mit der ganzen Gegend hier. Denn aus ihm wurden die Straßen gepflastert. Heute sieht man fast nur noch asphaltierte Straßen. Aber noch zu Anfang unseres Jahrhunderts wurden die Straßen mit Pflastersteinen gebaut. Und im Wald hinter der Schule hat man viele Jahre nach diesem Stein gebuddelt. Denn er war hart und ganz besonders gut geeignet als Bau- und als Straßenstein.

Melanie: So ein einfacher Stein. Und warum gerade der?

Lehrerin: Weil er ein besonderer Stein ist.

Dominik: Ein Edelstein?

Lehrerin: Das nicht gerade. Aber er hat schon vielen hundert Menschen Arbeit gegeben. Denn der Steinbruch war so etwas wie eine Fabrik im Freien – in der Natur. Und weil die Menschen die Natur genau beobachtet haben, konnten sie bald feststellen, daß der Stein ein Reichtum unserer Gegend war.

Melanie: Warum sind die Leute dann nicht steinreich geworden?

Lehrerin: Reich sind sie nicht geworden. Aber ohne die Steinbrüche wären viele Menschen sehr arm geblieben. Auf dem Boden wuchs nicht viel, wovon sich die Menschen ernähren konnten. Darum haben sie sich gedacht, daß man den Stein unter der Erdschicht gebrauchen könne. Denn er war als Baumaterial bestens geeignet.

Dominik: Und warum gerade der?

Lehrerin: Man konnte ihn spalten. Und das machte ihn so wertvoll. Denn ein Stein, den man spalten kann, den kann man auf bestimmte Maße bringen. Und wenn man Steine zum Bauen zusammenfügen will, dann müssen sie zusammenpassen.

Melanie: Und das soll gehen?

Lehrerin: Man mußte den Meißel nur an der richtigen Stelle ansetzen. Denn die Grauwacke ist ein Schichtgestein. Es liegen viele Schichten übereinander. Und dazwischen muß man den Meißel ansetzen.

Probiert es doch mal!

Die Kinder setzen Meißel an und schlagen mit dem Hammer drauf. Es scheint nicht zu gelingen. Und dann doch. Plötzlich hat es geklappt …

Nach der Schule. Franziska und ihr Bruder Jan gehen zu dem Ei-Stein. Sie haben ein Band mitgebracht und schmücken ihn zu einem Oster-Ei. Eine riesige Schlaufe binden sie um den Grauwacke-Stein.

Jan: Und wie sollen sich Mama und Papa dieses riesige Ei teilen?

Franziska: Das wissen wir doch jetzt. Wir nehmen einen Meißel und teilen es. Dann haben die beiden nicht soviel dran zu knabbern.

Diese Szene läßt sich leicht nachspielen. Das Ei könnt ihr aus Pappmaché nachbauen.

Das Osterei ist fertig

Der Stein, aus dem die Straßen sind

«Hast du mal ein Pflaster?» Meine Tochter Tina hat sich beim Apfelschälen den Zeigefinger der linken Hand aufgeritzt. Die Wunde ist nicht groß, und bald schon ist das kleine Mißgeschick vergessen.

Jan ist dazugekommen. Jan und seine Eltern, meine Frau, unsere drei Töchter und ich leben in einem großen alten Haus. Über 200 Jahre soll es auf dem Buckel haben, und in Müllenbach, so heißt unser kleines Dorf, kennt jeder dieses Haus. Es ist aus massiven Steinen gebaut worden, und in früheren Zeiten hat hier mal der Bürgermeister gewohnt. Es ist ein schönes Haus mit einer langen Geschichte. Und der Stein, aus dem es gebaut worden ist, dessen Geschichte ist noch viel, viel älter.

Müllenbacher Steinbrucharbeiter im Jahre 1910

Bizarres Felsgestein umrahmt steil ansteigend den stillen Bergsee. Ein Holzhaus steht auf einer Insel. Ein Paradies für Angler. Ein Falke nistet hier, und unter der knorrigen Eiche beobachtet ein Rehbock aufmerksam die Abendsonne.
Heimat war diese bergische Idylle viele Jahrzehnte auch für Menschen aus anderen Ländern, unersetzliche Facharbeiter, zumeist aus Italien. Müllenbach – ein kleines Dorf mit tausend Einwohnern – erlebte vor hundert Jahren die Blüte der Steinindustrie. Das Bergische Land und der angrenzende Teil des Sauerlandes bildeten und bilden eines der größten zusammenhängenden Grauwackegebiete. Früher bezeichnete man das sehr verschiedenartige Gestein zwischen Lindlar und den Bergriegeln Westfalens als «Lenneschiefer». Es ist ein Sedimentgestein mit einer hervorragenden Druckfestigkeit.
Aber bis die Grauwacke als Straßenbaumaterial eingesetzt wurde, dauerte es doch eine lange Zeit. Die schlechten Verkehrswege bescherten dem Stein eine Art Dornröschenschlaf. Währenddessen konnte der Basalt (ein vulkanisches Gestein) aus dem Westerwald und dem Linzer Becken über die bestehenden Verkehrsadern am Rhein den Weg an die Verwendungsorte finden. Doch die Grauwacke besitzt bessere Eigenschaften für den Straßenbau als die vulkanischen Gesteine. Sie hat eine rauhe Oberfläche und damit eine hohe Griffigkeit. Vor allem aber: Sie ist spaltbar. Durch diesen Vorzug lassen sich aus der Grauwacke Bausteine herstellen – und Pflastersteine.
Als zum Ende des vergangenen Jahrhunderts die Eisenbahn ins «Land» kam und damit der Transportweg, gab man diesem Stein bald den Vorzug vor dem vulkanischen Basalt.
Im Bergischen Land wurde schon im frühen Mittelalter Gestein für weltliche und kirchliche Bauten gebrochen. Dabei handelte es sich meist um weicheres Randgestein, welches mit einfachen Mitteln gewonnen werden konnte. Kamen die Arbeiter in den «Kuhlen» an härtere Gesteinsschichten, so fingen sie an anderer Stelle wieder neu mit dem Abbau an. Von daher ist wohl auch die Berufsbezeichnung «Steinkühler» für den Steinbrucharbeiter zu verstehen. Die Steine wurden roh und unbehauen unter Verwendung von Lehm aufeinandergeschichtet. So entstanden Grundmauern für die damaligen Holz/Lehmhäuser, und Brunnen. Der Bodenbelag für die Dielen und Stallungen der alten Bauernhäuser bestand aus diesem Stein, und die meisten Kirchen im Bergisch-Märkischen Grenzgebiet sind aus der Grauwacke gebaut worden. Manche sind fast schon 1000 Jahre alt.

Jan will Tina einladen, und zwar zum Herzsee, so heißt ein kleiner Teich in den Steinbrüchen. Frösche und Kröten leben dort. Ich habe Lust, mit ihnen zu gehen.
«Hast du mal ein Pflaster?» – Dabei fiel mir ein, daß ich den Kindern etwas über den Pflasterstein erzählen könnte, der unser Dorf einst so reich gemacht hat.
Ein Teekesselchen: Pflaster und Pflaster. Zwei Dinge, die nicht zusammenpassen. Oder doch?
«Wißt ihr, daß aus dem Stein aus den Steinbrüchen bei uns die Straßen vieler großer Städte gepflastert worden sind?»
Das war den Kindern neu. «Warum gerade unser Stein?»
«Grauwacke», sage ich, «ist ein ganz toller Stein. Dieses hervorragende Material wurde hier in den Steinbrüchen abgebaut – ein Bruchstein, der ganz besondere Qualitäten besitzt. Er läßt sich zu Pflastersteinen bearbeiten, und darum sind viele frühe Straßen – gerade in den großen Städten an Rhein, Wupper und Ruhr – gepflastert mit den Bruchsteinen aus unserem Bergischen Land.»

Unseren Rundgang beginnen wir in Müllenbach an der alten Dorfkirche.
«Seht mal!» Ich bleibe vor dem 900 Jahre alten Turm stehen. «Dieser Stein wurde hier aus dem Felsen geschlagen. Wenn wir jetzt in die Kirche reingehen, werdet ihr merken, daß der Stein hier alles bestimmt. Es ist mehr Stein hier drinnen als Luft!»
Tatsächlich kann man dies bald spüren. Mächtige Säulen sind in dem Kirchenschiff zu sehen, und wenn man die Fenster-«bänke» betrachtet, hat man gleich das Gefühl, daß riesige, dicke Mauern den Kirchenraum umgeben.
Nun gehen wir zur Dorfmitte.
Wir sehen eine gewaltige Bruchsteinmauer, unmittelbar an der «Friedenseiche» gelegen. Diese Eiche steht auf felsigem Boden. Die Bruchsteinmauer, um den alten «Schorren Hof» gesäumt, war einst um eine Gleisbreite weiter zurückgelegen. Entlang dieser Mauer führten die Schienen aus dem Steinbruch bis zum Bahnhof Holzwipper, einer Umladestation.

Die Grauwacke gehört zur Gruppe der Trümmergesteine. Es handelt sich um Sedimentgestein, das im Erdaltertum vor mehr als 350 Millionen Jahren aus Schlammablagerungen der Meere entstanden ist. Die Grauwacke besteht bis zu 90 Prozent aus Quarzkörnern, die durch verschiedene Bindemittel zusammengefügt sind. Die Druckfestigkeit der bergischen Grauwacke liegt bei 3500 Kilogramm / Quadratzentimeter. Der Name rührt wohl von der grünblaugrauen Farbe her, und der Ausdruck «Wacke» ist ein alter, mundartlicher Begriff für rauhes, bröckeliges Kieselgestein. Das schöne und gut zu bearbeitende Material zog viele Fachleute aus dem In- und Ausland an. Diese nannten sich alle «Meister», hatten jedoch meistens keine Ausbildung genossen. Die Blüte dieser Industrie erklärt sich vor allem auch aus der sprunghaften Entwicklung des Straßen-, Eisenbahn- und Städtebaus in den Ballungszentren an Rhein, Wupper und Ruhr – und diese Blüte war am Anfang unseres Jahrhunderts.

Exkursion

Wir gehen nun hinter dem Bauernhof vor bis zum ehemaligen Lokschuppen.
«Heute ist da drinnen ein Schiff», weiß Jan. «Und früher?»
Ich habe mich schon lange mit der Geschichte des Steinbruchs beschäftigt und erzähle:
«Hier parkte die elektrische Eisenbahn. Vorgänger der ‹Elektrischen› war ein Zug mit Diesellok. Davor aber zogen Pferde,

Ungewöhnliche Ansicht der Dorfkirche Müllenbach – Mehr Stein als Luft ganz früher Arbeiter, die Wagen auf Rollen. Wie man etwas transportiert, das war ganz wichtig für den Betrieb der Steinbrüche. Noch vor 80 Jahren gab es hier bei uns nur wenige Kunststraßen mit fester Steindecke. Die Hauptverkehrsadern lagen auf den Höhen, weil die Fuhrwege in den Tälern bei Regen aufgeweicht und unwegbar waren. Außerdem bereiteten die vielen Steigungen und Gefälle große Probleme. Aber dann kam die Eisenbahn, und damit waren die Transportprobleme beseitigt.»

«Das war ja eine richtige große Steinfabrik!» wundert sich Tina.

«Und ob. Unter den Arbeitern im Steinbruch befanden sich auch Lokführer und Bremser, die ganz entscheidende Aufgaben bei der steilen Abfahrt nach Holzwipper hatten. Etwas oberhalb des Lokschuppens stand das Maschinenhaus, wo der Strom zum Betreiben der Lokomotive und der Brecheranlage hergestellt wurde. Maschinisten gehörten ebenso zum Steinbruch wie die Abdecker, die den Stein unter der Erde freilegten, und die Stößer und die Kipper. Das erkläre ich euch noch. Da, seitlich vom Maschinenhaus, stand die Brecheranlage.»

Sehr bald kommen wir auf dem unteren Weg an ein Wegekreuz mit zwei Schranken. Linker Hand liegt das «Kirchenwäldchen», eines der ältesten Abbaugebiete der Grauwacke. Die Natur hat sich ihren Raum zurückerobert. An den steilen Hängen wuchert die Brombeere, und wild ausgesäte Birken stehen neben Erika und Ginster. Als wir zur Schranke zurückgehen, sehen wir weiter oben Teile eines Damms, der über eine Brücke auf die andere Seite des Weges führte. Hinter der Schranke zwischen diesen Pfeilern gehen wir den «Steinbruchweg» weiter. Linker Hand finden sich überwucherte Abraumhalden und hinter der Schranke dann der erste offengelassene Probesteinbruch.

«Hier wurde gebuddelt und festgestellt, daß an dieser Stelle der Abbau nicht geeignet war. Also ließ man den Bruch so, wie er ist, und versuchte es an anderer Stelle neu. Denn der Stein mußte schon ‹gut› sein, der Abbau mußte sich lohnen, und das konnte man schon nach den ersten Sprengungen feststellen.»

«Wenn ich mir das hier so vorstelle», meint Jan, «dann müssen

die Leute ja mächtig geackert haben.» Er hebt einen kleinen Felsbrocken an, der im Wege liegt.
«Das kann ich euch sagen», merke ich an. «Die schwierigste Arbeit in den Steinbrüchen war die der Bohrtrupps. Das muß man sich so vorstellen: Der Bohrführer hielt ein etwa sechs Meter langes Sechskanteisen an die Bohrstelle, und zwei ‹Zuschläger› schlugen abwechselnd. Bei jedem Schlag wurde der Bohrer um 30 Grad gedreht.
Bis sich das Eisen im Felsen ein fünf Meter tiefes Loch gebohrt hatte, dauerte es mehr als einen Tag. In diesem Kanal wurde mit Pulver ein Hohlraum gesprengt, und dieser wiederum mußte dann bis zu vier Zentner Sprengstoff fassen. Schwarzpulver besteht aus Schwefel, Salpeter und Holzkohle und hat die gute Eigenschaft, den Fels nur zu lösen, ihn nicht zu zertrümmern. So ist es ja wohl auch nicht verwunderlich, daß es gerade die Besitzer von Pulvermühlen waren, die an den Sprengungen Interesse hatten. Die wollten nicht nur Schießpulver herstellen, sondern auch Sprengpulver. Die Steinbrüche lagen für sie ‹vor der Haustüre›, und der Transport dahin war ja kein Problem!»

Vorbereitung einer Sprengung

«Und was war, bevor man das Pulver kannte?» will Tina wissen. «Früher hatten sich die Steinkühler beim Sprengen mit den Kräften der Natur geholfen. In Ritzen und gehauene Spalten wurden Wasser eingelassen und Holzkeile gesetzt. Im Winter hat der Frost dann den Stein ‹losgeeist›. Aber heute helfen moderne Sprengstoffe beim Ablösen der Felswände, und natürlich auch der ‹Kollege Preßlufthammer›.»

Vor hundert Jahren, zur Zeit der Blüte der Steinindustrie, galt die Arbeit in den Brüchen als gefährlich. Die Unfallquote war hoch. Aber doch übte die Arbeit «im Freien» eine große Faszination aus. Dagegen wurde die Fabrikarbeit als fürchterlich empfunden – trotz der im Steinbruch verbreiteten Berufskrankheiten wie Rheuma und Steinstaublunge. «Wie in einem Zuchthaus ist man eingesperrt. Ich will zurück in die Brüche!» klagte ein Mann, der sich beim Steinstoßen verletzt hatte und in einer Fabrik arbeitete. Die Steinkühler sahen sich als besondere Arbeitergruppe: Als gesuchte Fachkräfte, handwerklich und im Freien arbeitend, fühlten sie sich trotz Wind, Nässe und Kälte den Arbeitern in den Fabriken mit ihren festen Arbeitszeiten und Stempelkarten überlegen. So wundert es auch nicht, daß in Erntezeiten viele Steinbrucharbeiter zu Hause blieben, um dort dem landwirtschaftlichen Nebenerwerb nachzugehen. Sie brauchten nicht um ihren Arbeitsplatz zu fürchten.

Unser Weg führt uns zu einem Tunnel, der in ein Abbaugelände führt. Heute ist er durch Stacheldraht gesichert. Auf der anderen Seite, hangabwärts, führt ein Trampelpfad zu einer «Seenplatte». Dies sind Grundwasserseen, aufgelassene Steinbrüche. Da ist auch ein Teich dabei, an dem meine Kinder eigentlich gerne spielen. Aber: Ich habe es ihnen verboten. Oft sieht man auch Schilder hier: «Lebensgefahr». Bald schon sehen wir – durch einen Zaun abgesperrt – den schönsten See hier. Irgendwer hat ihn mal «U-Boot-Teich» genannt. Obwohl darin wirklich kein U-Boot abtauchen kann.
Auf einer Insel ist ein Boot am Steg festgemacht, und es scheint, als sei man in den Schluchten der Alpen. Herr Schreier, der Förster, hatte mir mal gesagt: «Hier nistet der Turmfalke, und Ringelnattern schlängeln sich zwischen seltenen Pflanzen. Hier hat

die Natur sich ihre Heimat zurückerobert. Betreten verboten! Der Mensch stört nur.»
«Papa, was war denn, als der Fels gesprengt worden war und die Bohrer und Sprenger ihre Arbeit gemacht hatten?»
«Da kamen die Stößer und die Kipper!» – Zwei Berufsbezeichnungen, die die Kinder nicht kennen. «Stößer, das waren Arbeiter, die die großen Felsblöcke vorbereitet anlieferten. Daraus schlugen die Kipper dann die Pflastersteine. Stößer und Kipper,

Sprengung im Steinbruch

das waren die wichtigsten Arbeiter in den Steinbrüchen, und ihr Verdienst war nicht schlecht. Sie waren angelernte Fachleute, Akkordarbeiter. Der Stößer brachte den losgesprengten Stein auf ein Rohmaß, in dem zwei, drei, vier, fünf und mehr Pflastersteine ‹drin waren›. Er sah sofort, wie der Stein gewachsen war. Weil die Grauwacke ja ein Ablagerungsgestein ist, sind die einzelnen Schichten für das geübte Auge gut zu erkennen. Über diesen Weg, den ‹guten Weg›, ist der Stein leicht zu spalten. Der andere, ‹der Lagerweg›, stemmt sich gegen Hammer und Meißel.»

Bei der Herstellung von Pflastersteinen gab es drei Kategorien. Großpflastersteine waren für Straßen mit Schwerverkehr vorgesehen, während Kleinpflaster und Mosaik für Dorfstraßen und Bürgersteige Verwendung fanden. Und wie auch der Stößer den «guten Weg» kannte, sah der Kipper, wie groß er seine Steine schlagen mußte. Zollstöcke wurden bei dieser Arbeit nicht verwendet. Die Berufsbezeichnung Kipper kommt daher, daß der den Stein beim Hauen auf das erforderliche Maß immer wieder «kippte», umdrehte.
Mittags – die Kantine lag für manche weit ab – brachten die Frauen ihren Männern das Essen in sogenannten Henkelmännern in die Steinbrüche. Bei einem 12-Stunden-Tag war dies die einzige warme Mahlzeit. Oft kam es auch vor, daß, während die Männer aßen, die Frauen einen Rollwagen mit den fertig gehauenen Steinen beluden. Dies wurde auf den Arbeitslohn des Mannes mit angerechnet.
Überhaupt hatten die Frauen ein hartes Los. An ihnen blieb die oft kleine Landwirtschaft hängen, der Haushalt und die Erziehung der Kinder.

Unser Weg zieht sich durch die alte Steinbruchlandschaft wie in einem großen Bogen. Vom U-Boot-Teich gehen wir auf dem Hauptweg unterhalb der bröckelnden Stützmauer an mehreren Probesteinbrüchen entlang und erreichen ein geweitetes Gelände, wo teilweise noch die alten Fahrwege zu erkennen sind. Von nun an geht es bergan. Nach 100 Metern leichten Anstiegs sehen wir linker Hand ein bizarres Naturgebilde: Birken stehen auf dem nahezu nackten Fels, umgeben von Heidekraut. Hier führt auch ein Trampelpfad ins Wäldchen, und am Eingang wächst der einst für die Pulverindustrie so wichtige Faulbaum mit seinen rot-schwarzen Beeren. Aus ihm wurde die Holzkohle gewonnen. Der kleine See – sogar Libellen tummeln sich dort – wird von den Kindern «Herzsee» genannt.

Vor der Jahrhundertwende herrschte in vielen Steinbrüchen großer Arbeitermangel. Daher warb man ausländische Arbeitskräfte an. Es gab sogar eine eigene Steinarbeiter-Zeitung in italienischer Sprache. Sie, die unersetzlichen Fachkräfte, kamen aus den Dolomiten und waren es gewohnt, mit Steinen umzugehen. Auch Kroaten gehörten zu den Facharbeitern. In manchen Städten in Südeuropa wurden eigene Anwerbebüros eingerichtet. Die ersten Gastarbeiter Deutschlands lebten also im Bergischen Land. Ausländerfeindlichkeit, wie man sie heute leider kennt, gab es damals nicht.

Kipperbuden – einfache Verschläge gegen Wind und Regen

«Papa», sagt Tina, «irgendwie muß sich das alles doch gelohnt haben. Ich meine, daß man mit Dreck oder Steinen Geld verdienen konnte, das ist für mich schwer zu begreifen.»
«Sicher», nicke ich, «das können wir uns heute kaum noch vorstellen. Aber die Leute waren schon mit wenig Geld reich. Und der Reichtum lag hier bei uns unter der Erde. Heute verstehen es nur noch wenige Menschen, Pflastersteine zu hauen. So kommt es, daß nur noch in den Betrieben Pflastersteine hergestellt werden, in denen ältere, erfahrene Mitarbeiter tätig sind. Aber die gibt es kaum noch».
Jan nickt anerkennend. «Harte Arbeit!»
«Genausowenig wie das weinende Gesicht im Fels. Ich kenne es von einem Foto her. Da sah man in der Felswand ein riesiges Gesicht abgebildet, und aus einem Auge tropfte ständig Wasser. Schaut euch um, ob ihr das Gesicht noch findet.»
Wir haben das weinende Gesicht nicht gefunden, solange wir auch suchten. Gesehen haben wir aber auf dem Weg Schienenreste. Und tatsächlich führte hier eine Bahnlinie her. Früher wurden die Rollwagen von Menschen geschoben, dann half das Pferd, danach die Lok.

Den Steintransporten in die Städte folgten billige Arbeitskräfte: Pflasterer. Sie kamen zumeist aus dem ländlichen Raum. Die Grauwacke hat zwar für manche Reichtum gebracht, sie war aber auch für die Armut verantwortlich. Die dünne Krume über diesem harten Stein hält kaum das Oberflächenwasser, ist wenig fruchtbar. So mußten viele Männer und junge Burschen schon früh andere Erwerbstätigkeiten neben der Landwirtschaft suchen. Viele verdingten sich als Pflasterer in Saisonarbeit. Schon kurz nach den Winterfrösten brachen sie in Kolonnen in die Städte auf und kamen erst wieder, wenn der Herbst sich dem Ende zuneigte. Sie gingen zu Fuß hinter den Steinen her, die gefahren wurden.

Wir sind am Skilift angekommen und steigen zum Waldrand auf. Dort kann man – in gehörigem Abstand – in den weitgeöffneten Krater schauen, in dem heute noch Stein abgebaut wird. Wo früher Hunderte von Arbeitern schufteten, sind es heute gerade noch acht. Dennoch schaffen sie mit modernen Sprengmitteln eine ganze Menge mehr. Bei einer Sprengung, alle zwei Wochen, fallen 20 Tausend Tonnen Stein zu Boden. Riesige Abraumwälle aus Erde umrahmen den Steinbruch Talbecke, wo der Stein nicht mehr zu Pflastersteinen behauen, sondern zu «Schotter» gebrochen wird. Man muß sich mal den Unterbau der Zug-Gleise ansehen, dann weiß man, was ich meine.

«Irgendwie abenteuerlich!» merkt Jan an.

«Allerdings!» erwidere ich. «In früheren Zeiten legten sich die Bauern ihre Brunnen selbst an. Sie mauerten sie mit dem Stein aus. So wurden auch die Quellen mit Grauwackesteinen ausgelegt, um das lebenswichtige Trinkwasser von Unsauberkeiten freizuhalten. Der Stein wurde auch zum Bau von trockenen, ohne Mörtel zusammengefügten Mauern verwandt. Klar ist wohl, daß aus diesen Steinbrüchen der Stein für so manches Fundament und so manches Haus des Dorfes gebrochen wurde.»

«Holte man hier auch die Steine zum Bau der Kirche?» fragt Tina.

«Sicherlich!» merke ich nur kurz an. «Und für das Haus, in dem wir wohnen, auch.»

«Neues Leben in alten Mauern!» murmelt Jan.

«Seht ihr», sage ich. «Jetzt schließt sich der Kreis der Geschichte dieses Steines. Sein Abbau hat riesige Krater in der Landschaft hinterlassen. Seltene Vögel brüten hier, stattliche Eichen wachsen auf dem nahezu nackten Felsen. Mittendrin in dieser Idylle finden sich immer wieder Zeugnisse einer einstmals blühenden Industrie. Und manch alter Mensch aus unserm Dorf sagt zu den Grundwasserteichen am Fuß der ausgehöhlten Berge: ‹Hier sammeln sich der Schweiß der Männer und die Tränen der Frauen, weil sie ihre Männer so früh verloren.› Denn der Steinstaub machte die Männer krank!»

«Und da drinnen tummeln sich heute die Frösche und Kröten. Im Schweiß und in Tränen!» Jan schüttelt sich und fährt mit der Hand über den Brunnen vor unserer Haustür. Dabei gerät er an eine scharfe Kante und ritzt sich einen Finger auf.

«Hast du mal ein Pflaster?» fragt er mich.

Der Naturstein und der künstliche Stein – heute

Riesige Felsbrocken werden auch heute noch aus den Steinbrüchen geholt. Sie werden zu einer Säge gebracht, und es entstehen Platten, die später zu handlichen Quadern geteilt werden. Ein Laserstrahl bestimmt die genaue Schnittlinie. Danach muß aber der Mensch wieder ran. Er schlägt die Steine an den Kanten ab.
«Bossieren» nennt man diesen Arbeitsgang. Weil ein glatter, geschnittener Stein sich nicht so gut verkaufen läßt, schlägt ein Steinmetz die Kanten wieder rauh. Die «Natur» scheint dann wieder durch. Auf diese Art und Weise werden heute auch Pflastersteine hergestellt.
Die Grauwacke ist auch sehr gut geeignet, um aus ihr Werksteine herzustellen. Dies sind Steine für Garten und Haus – oft zur Zierde. Aus den Platten werden Fensterbänke geschnitten.

Moderner Steinbruch mit Brecheranlage

Oder sie finden Verwendung als Treppenstufen, als Grabeinfassungen und Grabsteine.
Mal glatt – mal rauh. Der Steinmetz versteht sein Handwerk. In drei Jahren lernt er diesen Beruf.
Aber: Der Naturstein hat Konkurrenz bekommen. Er ist teuer.
So geht man heute an manchen Orten dazu über, aus Grauwackesplit, Sand, Wasser und Zement den Stein in Fabrikanlagen zu pressen.
Die Bestandteile werden in genau abgewogenen Mengen gemischt und dann in Formen gebracht.
So wird der Stein aufgebaut und gepreßt. Als oberste Schicht wird eine feinere Mischung aufgebracht. Der Stein ist jetzt künstlich «gewachsen».
Zement bindet die kleinen Körner, und durch den Preßvorgang ist eine gewisse Härte garantiert.
Nachdem der Kunststein getrocknet ist, gelangt er zum Verbraucher.
Steine sind so lebendig, daß sie Geschichten erzählen können – das war mir neu, bis ich anfing, dieses Buch zu schreiben. Ich habe aber auch erfahren, wie gefährdet Stein und Boden durch Umwelteinflüsse sind.
Schon in den 80er Jahren riefen Wissenschaftler und Umweltverbände: SOS – Rettet unsere Erde. In den letzten zehn Jahren hat sich die Weltbevölkerung um eine Milliarde Menschen vermehrt. Die Erde ist ihre wichtigste Grundlage. Doch noch immer lebt die Menschheit so, als hätte ihr Planet einen doppelten Boden.

Wasser

Wenn einer einem etwas Gutes sagt, dann ist das «Wasser auf seine Mühlen». «Wie ein warmer Regen geht es runter!» Das Schönste aber ist, so putzmunter zu sein wie «ein Fisch im Wasser».
Viele Sprichwörter kommen mit dem Wasser daher. Wasser ist einfach toll. Ob man nun im Wasser spielt oder mit dem Wasser spielt, ob man es trinkt oder ausschwitzt – Wasser ist überall und doch so kostbar.
Wasser befindet sich in der Natur im ständigen Kreislauf.
Trinkwasser ist unsere wichtigste Lebensgrundlage. Und da man es nicht «neu produzieren» kann, müssen wir sehr achtsam mit diesem wichtigen Rohstoff umgehen. Denn gerade Trinkwasser ist durch die Belastung unserer Umwelt sehr bedroht. Gerne wird auf die Großverschmutzer – Industriebetriebe und Landwirtschaft – als Übeltäter hingewiesen. Aber auch zu Hause bei uns wird dem Wasser eine Menge zugemutet.
Jeder von uns verbraucht sehr viel Trinkwasser am Tag. Damit wird gebadet, geduscht, die Toilette gespült, der Garten gesprengt und die Wohnung geputzt… Am wenigsten wird das Trinkwasser aber getrunken.
Zwei Drittel des Erdballs sind von Wasser bedeckt. Aber 97,4 Prozent davon sind ungenießbar: das salzige Wasser der Ozeane. In Seen und Flüssen finden sich nur 0,02 Prozent, und drei Viertel davon lassen sich nutzen.
Der Mensch verknappt die knappen Reserven noch mehr. Flüsse und Seen werden zu Kloaken. Gülle und Pestizide, in der Landwirtschaft eingesetzt, gelangen über die Nahrungskette in die Endlagerstätte Mensch. Wasser löst manche dieser Gifte und wird dadurch selber zu einem Gift. Von der Weltgesundheitsorganisation erfahren wir, daß 80 Prozent aller Krankheiten in den Entwicklungsländern durch verseuchtes Wasser entstehen: Typhus, Ruhr und Cholera.

Die Verschwendung des Rohstoffs Wasser ist gerade in den entwickelten Ländern enorm: 150 Liter verbraucht der Mensch in Deutschland an einem Tag – in den USA ist es ein Vierfaches. Es drohen sogar Kriege um das flüssige Element. Regierungen bauen Staudämme und graben anderen Ländern damit buchstäblich das Wasser ab.
Darüber hinaus läßt sich mit Wasser- und Gezeitenkraft viel mehr Energie gewinnen, als heute genutzt wird. Dabei ist nicht das gigantische Stauprojekt die Zukunftsidee, sondern die Staffelung vieler kleiner Bauwerke hintereinander.
Wasser baut sich über die Verbindung von zwei Wasserstoffatomen mit einem Sauerstoffatom auf. Auf der Seite des Sauerstoffs trägt das Wasser eine schwache negative Ladung, auf seiten der Wasserstoffatome eine schwache positive Ladung. Diese elektrische Di-(Zwei-)Polarität erklärt die besonderen Eigenschaften dieses Elementes als Lösungsmittel. Und sie erklärt auch die Anomalität des Wassers: Wasser im gefrorenen Zustand ist leichter als flüssiges. Sonst würden die Seen und Flüsse von unten her zufrieren und die Lebewesen des Lebensraumes Wasser vernichten. So aber schützt eine Eisschicht an kalten Tagen die Wasserbewohner. Und wenn die Menschen es auch schaffen würden, den Lebensraum Wasser zu erhalten, dann wäre schon ein großes Stück Zukunft gewonnen.

Wußtest du schon ...?

- ...daß ein Liter Öl eine Million Liter Wasser ungenießbar macht?
- ...daß zur Herstellung von 1 Kilogramm Zucker 1000 Liter Wasser benötigt werden?
- ...daß zur Herstellung von 1 Kilogramm Papier gar die dreifache Wassermenge, nämlich 3000 Liter, nötig ist?

Zitate zum Wasser

(Redensart für: Das kommt dir sehr gelegen)
«Das ist Wasser auf deine Mühle.»

(Redensart für: Der andere hat auch keine Wundermittel)
«Es wird überall nur mit Wasser gekocht.»

(Redensart für: Tief unter jemandem stehen)
«Einem nicht das Wasser reichen können.»

(Sprichwort)
«Erst wenn der Brunnen trocken ist, schätzt man das Wasser.»

(Westfäl. Volkslied, Die Königskinder)
**«Sie konnten zusammen nicht kommen,
das Wasser war viel zu tief.»**

(Altes Testament, Prediger Salomo)
**«Alle Wasser laufen ins Meer, doch wird das Meer nicht voller;
an den Ort, da sie herfließen, fließen sie wieder hin.»**

(Sprichwort)
«Stille Wasser sind tief.»

(Redensart für: Nichts zum Festhalten haben)
«Wasser hat keine Balken.»

(Redensart für: Etwas vergeblich tun)
«Wasser in ein Sieb schöpfen.»

Fließt es heraus oder nicht?

Aber Moment. Da kenn ich doch ein Experiment. Das widerlegt dieses Sprichwort.
Nimm ein Teesieb und stülpe es über eine Milchflasche, die zur Hälfte mit Wasser gefüllt ist. Presse nun das Sieb auf den Flaschenhals. Das Sieb solltest du festhalten und nun Flasche und Sieb umdrehen. Tatsächlich. Das Wasser bleibt in der Flasche.
Erklären kann man dies mit der Oberflächenspannung des Wassers. Aber dazu später mehr…

Wasser paßt nicht durch das Sieb – wetten?

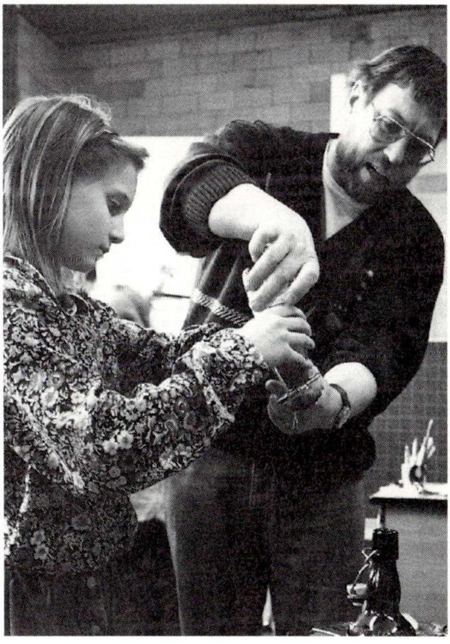

Wastl und die Wasseruhr

Einen Urlaub verbrachte ich an einem stillen Ort im Bayerischen Wald. Urlaub auf dem Bauernhof! Oder besser: Urlaub am Forellenteich. Denn mein Gastgeber, Wastl Obermayer, hatte eine Fischzucht, mit der er sein Geld verdiente. Ich sah ihn einmal, wie er bedenklich auf seine Wasseruhr schaute. «Urlauber verbrauchen mehr als nötig!» schimpfte er. Da seien seine Forellen ja richtig bescheiden.

«Forellen!» sagte er, «sind empfindliche Tiere. Nur klares Wasser ist ihr Lebensraum. Durch Abfälle, Öl und Abwässer wird aber der Lebensraum dieser leckeren Tiere immer mehr bedroht!»

«Und?» fragte ich. «Wenn wir uns Badewasser einlaufen lassen und duftendes Bade-Öl hineingeben, dann fühlen wir uns doch so richtig wohl!»

Wastl schüttelte den Kopf. «Was er nicht sagt!» Dann schüttelte er noch einmal den Kopf. «Wasser, das ist ein Lebensraum und kein Raum für Öl und andere Sachen! Was glaubst du denn, wenn irgendwo ein Tanker entzweigeht und das Öl hinausströmt. Was werden dann die Fische sagen?»

«Nichts mehr!» mußte ich meinem Zimmervermieter bestätigen.

Dann stellte er mir ein Rätsel. Er schrieb auf sechs kleine Kärtchen das Wort TANKER. T und A und N und K und E und R.

«Sieh mal!» sagte Wastl zu mir. «Wenn du diese sechs Buchstaben jetzt mischst, was hat der Tanker wohl geladen?»

«Öl!» sagte ich direkt.

«Nein», meinte Wastl. «Mische das Wort so, daß etwas Neues dabei rauskommt. Etwas Flüssiges, und du trinkst es auch ganz gerne.»

Also mischte ich die Karten. Ich legte sie hin und her und kam auf folgende Getränke:

KRANTE; NARKTE; EKTARN; RAKNET.

Aber alles das kann man ja nicht trinken. So half mir Wastl.

«Das Getränk, das der Tanker geladen hat, fängt mit N an.»
Und bald schon hatte ich es durch Probieren geschafft.
NEKTAR triumphierte ich.
«Richtig!» hörte ich die rauhe Stimme von Wastl. «Und was ist, wenn der Tanker im Hafen einläuft, um den Nektar zu entladen, ihn abpumpen zu lassen?»
«Dann…!» rätselte ich, aber mir fiel keine Antwort ein.

Forellen brauchen klares Wasser

«Was macht das Schiff. Es geht vor...!»
«Anker. Es ANKERT!» sagte ich laut.
«Richtig. ANKERT ist aus den gleichen Buchstaben wie NEKTAR und TANKER. Und was machen die Seeleute, während die Ladung gelöscht wird?»
«Sie löschen ihren Durst!» brachte ich heraus. Auch ich hatte Durst.
«Sie spielen...!» hörte ich dann.
«Sie spielen KARTEN!»
«Richtig. Und jetzt kannst Du auch an einen KRAN gehen – dieses Wort steckt ja auch in KARTEN drin – und dir den Durst löschen.»
«Kran?» – Ich schüttelte mich. «Warum denn Wasser aus dem Kran. Gibt es hier kein Sprudelwasser?»
«Siehst du!» sagte Wastl. «Das ist es eben. Meine Forellen mögen auch nicht jedes Wasser aus dem Kran. Sie wollen ganz, ganz sauberes Wasser haben, ohne Abwässer und Zusatzstoffe, und deshalb habe ich dir das Rätsel gestellt. Ich glaube, du hast es gelöst!»
Tatsächlich beschäftigte ich mich nach diesem Urlaub bewußt mit dem Wasser. Und ab und zu schaute ich auf die Wasseruhr. Wie die rauschte! Viel Wasser verbraucht man so ganz nebenbei. Dabei habe ich gelernt, daß man mit dem kostbaren Gut Wasser sorgfältig umgehen muß.

Und da fragt mich heute wieder die Christina:

«Wie spät ist es?»

Ich schaue auf meine Wasseruhr.

«Fünf vor Zwölf! Zeit zum Umdenken!»

Der Regenbogen

Drei Nasen pressen sich an eine Fensterscheibe im Haus neben mir. Die drei Töchter der Frau Üncüncü haben es vorgezogen, an diesem Regentag in der Wohnung zu bleiben. Aber schon lichtet sich der Himmel, und zwischen den Wolken taucht die Sonne auf. Bald sehen die drei Mädchen einen herrlichen Regenbogen.

«Sieh nur!» ruft Hatice.

«Wie viele Farben hat der Regenbogen?» fragt Frau Üncüncü ihre Töchter.

«Sechs!» sagt Meral.

«Sieben!» sagt Hatice.

Aber Semra übertreibt: «Hunderttausend!»

Semras Schwestern lachen.

«Das ist gar nicht einmal so verkehrt!» sagt Frau Üncüncü. «Der Regenbogen ist ein aus vielen Farben zusammengesetztes Band, das wir bei Sonnenlicht sehen. Allerdings nur, wenn gleichzeitig Regentropfen in der Luft sind. Das Band beginnt mit blauviolett, geht über in das Blau, dann hin zu Grün, Gelb, Orange bis Gelblichrot. Aber sind nicht noch hunderttausend Farben dazwischen?»

«Kann man auf einem Regenbogen eigentlich rutschen?» fragt Semra ihre Mutter.

Jetzt muß auch sie lachen.

«Eigentlich ist das so. In den Religionen und Mythen vieler Völker treten solche Gedanken auf. Der Regenbogen ist eine Brücke zwischen Himmel und Erde. Der Weg der Götter zur Erde ging über dem Regenbogen, erzählte man. Und die Inder und Araber glauben, daß ein verstorbener Mensch umgekehrt – also von der Erde aus auf dem Regenbogen – ins Jenseits zieht. In manchen Ländern ist der Regenbogen auch eine Schlange, in anderen ein Ungeheuer.»

«Und bei den Christen?»

«Schon im Alten Testament könnt ihr lesen, daß der Regenbo-

Info Natur

gen das Zeichen für die Verbindung zwischen Gott und den Menschen nach der Sintflut ist.»
«Dann ist die Sintflut für heute ja endlich vorbei!» freuen sich die Kinder. «Jetzt gehen wir nach draußen und rutschen auf dem Regenbogen!»

Gedicht

Der Wasserläufer

Ein Wasserläufer ist ein Tier
mit einem halben Dutzend Beinen,
es schwebt auf Wasser, und dabei
geht es nicht unter – so will's scheinen.

Im Schilf und Laichkraut hält es Wacht,
ob nicht ein Tier ins Wasser fällt,
denn Luft, das weiß ein jedermann,
ist nicht aus Balken hergestellt.

Wie Stützen eines großen Krans,
so schaun die Hinterbeine aus,
die vordren Beine und der Kopf,
die saugen dann die Beute raus.

Mit einem körpereignen Gift
gelingt das Jagen irgendwie,
allein gejagt zu werden ist
für jedes Tier – wie die Chemie.

Und warum? Chemie verändert das Verhalten des Wassers. Chemische Stoffe können es so weich machen, daß die Oberflächenspannung nicht mehr ausreicht, um den Wasserläufer über Wasser zu halten.

Vorgestellt: der Wasserläufer

Wasserläufer sind auf der Erde weit verbreitet. Eine Art lebt sogar auf den offenen Ozeanen. Sie ernähren sich von kleinen Tieren, die vom Land auf das offene Meer driften.

Wer so gebaut ist wie der Wasserläufer, der muß schon Vertrauen in seinen eigenen Körper haben. Zur Klasse der Insekten gehörig, ist der Wasserläufer eine Wanzenart. Wer mag schon Wanzen? Aber dieses Tier sticht keine Menschen, sondern hat eine ganz wunderbare Gabe: Es kann auf dem Wasser bleiben, «reiten».

Es hat einen langen, schlanken Körper – die Mittel- und Hinterbeine werden weit vom Körper gestreckt. Dagegen wirken die Vorderbeine kurz und kräftig. Sie sind zum Ergreifen und Halten der Beute wichtig. Der dreieckige Kopf trägt große Augen, die deutlich hervorgewölbt sind. Der Sehsinn spielt bei der Nahrungssuche eine große Rolle. Zwischen den Fühlern setzt der Saugrüssel an. Wie alle Wanzen haben Wasserläufer stechend-saugende Mundwerkzeuge.

Wo man einen Wasserläufer entdeckt, findet man sicher Hunderte. Sie leben gesellig auf dem offenen Wasser. Mit ihren Mittelbeinen führen sie kräftige Ruderschläge aus, und die Hinterbeine dienen als Steuer.

Die Jagd der Wasserläufer ist dramatisch. Fällt zum Beispiel eine Blattlaus auf das Wasser, so beginnt sie zu zappeln. Die kleinen Wellen, die dabei entstehen, nehmen die Wasserläufer wahr. Zunächst nähern sie sich der zappelnden Beute langsam. Dann gleiten sie schnell darauf zu und packen das Insekt mit den Vorderbeinen. Es wird mit dem Saugrüssel angestochen. Ein ausströmendes Speichelsekret tötet und verdaut die Beute. Als Nahrung dienen den Wanzen also vor allem kleinere Insekten, die auf das Wasser fallen. Manchmal fressen die Wasserläufer sogar ihre eigenen Jungtiere.

Oft sieht man ein Weibchen, das ein Männchen auf dem Rücken mit sich herumträgt. Trotz dieses Beipacks rudert das

Info Natur

Weibchen lässig über das Wasser. Die Eier werden unter Wasser an Pflanzen abgelegt. Der dichte Haarfilz der Tiere sorgt dafür, daß diese auch unter Wasser atmen können. Nach einer Woche schlüpfen bereits die Jungtiere.
Die Alttiere beziehen im Spätherbst ihre Winterquartiere, die, versteckt zwischen Schilf und verwelktem Laub, nah am Ufer liegen. Etwa Ende März verlassen die Wasserläufer ihr Quartier wieder und lassen sich dann an vielen Teichen beobachten. Wer sich still an das Ufer eines solchen Gewässers setzt, wird wohl bald Glück haben.

(Nach: Erlebter Frühling, Themenheft: Wasserläufer. Naturschutzjugend im Naturschutzbund Deutschland, Königsträßle 74, 70597 Stuttgart. Hieraus stammen auch die folgenden Aufgaben.)

Aufgabe

- Wie bewegen sich die Wasserläufer?
- Benützen sie beim Vorwärtsgleiten auch ihre Vorderbeine?
- Wie weit kommt ein Wasserläufer mit einem Ruderschlag? Schätze mal!

Hallo, ich bin ein Wassertropfen! Meine Nummer ist 360498610. Wir Wassertropfen haben keine Namen, wir sind so viele, daß die Namen gar nicht ausreichen würden. Deshalb haben wir Nummern. Hoffentlich hast du ein wenig Zeit. Ich würde dir gerne einige Geschichten erzählen. Man kann gar nicht aufzählen, was ich alles erlebt habe. Womit soll ich jetzt nur anfangen... Also:

Von der Quelle bis zum Meer

Ich kam in einer Quelle zur Welt, ziemlich weit oben in den Bergen. Es war ein herrlich klares Bächlein! Später habe ich noch oft daran zurückgedacht. Es kamen noch sehr viele Nebenbäche dazu, und ich fand viele Freunde. Es war so schön, daß es schöner nicht sein konnte. Jedenfalls bis zum ersten Dorf. Dort kam nämlich ganz schön viel Abwasser dazu. Das stank vielleicht!
Bei der Stadt, an der unser Fluß als nächstes vorbeifloß, wurde es dann unerträglich. Einige von uns wurden in eine Fabrik abgeleitet und kamen dort auch bald wieder hinaus. Aber wie? Schmutzig und mit Säuren vergiftet, man konnte sie gar nicht mehr wiedererkennen! Mir ist das zwar zum Glück erspart geblieben, aber bald waren auch wir dreckig. Und die Säure war schlimmer als die ansteckendste Krankheit.
Es kam mir wie eine Ewigkeit vor, bis wir endlich zur nächsten Kläranlage kamen. Dort wurden wir endlich wieder richtig sauber. Das Ganze hat sich dann noch sehr, sehr oft wiederholt. Mensch, war das ein Hundeleben! Endlich erreichten wir das Meer.

Im Meer

Dort war es so herrlich, daß ich am liebsten immer dort geblieben wäre. Man konnte da so wunderbar sonnenbaden! Und überall schwammen bunte Fische herum. Und so viele Freunde! Aber dann habe ich leider zu viel sonnengebadet. Ich bin verdunstet.

Von der Wolke bis zu dir

Ich fand mich in einer Wolke wieder. Dort waren auch viele Freunde... Oh – die Sonne ist herausgekommen. Ich glaube, ich verdunste. Hoffentlich sehen wir uns bald wieder. Tschüs!

(Knut Franke, 11 Jahre)

Es klappert die Mühle am laufenden Bach … nicht mehr. Dabei hat das Wasserrad viele Jahrhunderte eine ganz wichtige Stellung gehabt. Besser gesagt: eine Drehung. Drehen wir das Rad der Geschichte einmal zurück.

Die Technik war in manchen alten Kulturen nicht besonders hoch angesehen. Sogar Sokrates, ein großartiger griechischer Philosoph, machte Stimmung gegen die Naturwissenschaften. Er schrieb, daß er «zurückweise, an solchen Dingen in irgendeiner Form interessiert zu sein, und darauf bestehe, daß die Probleme der Naturerscheinungen entweder zu schwierig seien, um vom menschlichen Verstand voll ausgemessen zu werden, oder aber ohne die geringste Bedeutung für das menschliche Leben seien». Er konnte sich allerdings solch eine Einstellung auch leisten, denn die vornehmen griechischen Bürger hatten Sklaven für die anstrengende körperliche Arbeit.

Mühlenräder ohne Wasser – da möchte man heulen

Info So wurde das Wasserrad wahrscheinlich von einfachen Menschen erfunden, die sehr wohl daran interessiert waren, daß technische Erfindungen Erleichterungen für sie brachten.

Getreide mußte in nahezu allen Kulturen gemahlen werden, um es zu verarbeiten. Es wurde in Mörsern zerstampft, später zermalmte man es zwischen zwei flachen Steinen. Eine Person arbeitete einen ganzen Tag, um den Bedarf für acht Personen zu decken. Für das gewerbsmäßige Mahlen entstanden die Trichtermühlen. Sie wurden unter unmenschlichen Bedingungen von Mühlensklaven angetrieben. In einem Dokument des römischen Schriftstellers Apulejus heißt es: «Guter Gott, was für arme Sklaven das waren! Bei manchen war die Haut schwarz und blau verfärbt, manche hatten den Rücken von den Striemen der Peitschenhiebe übersät – und sie waren nur noch bedeckt – nicht mehr bekleidet – mit zerrissenen Fetzen...»

Solange man genug billige Arbeitskräfte hatte, gab es wenig Interesse an technischen Neuerungen. Das Wasserrad wurde im dritten Jahrhundert v. Chr. in Mesopotamien, im Zweistromland (dem heutigen Irak), «erfunden». Wahrscheinlich war das ein Zufall. Zur Bewässerung der Felder gab es an manchen Flußläufen Tretschöpfräder, die von Menschenkraft angetrieben wurden. Und vielleicht war das so: Ein Tretschöpfrad fand bei einem hohen Wasserstand und großer Fließgeschwindigkeit des Flusses soviel Angriffsfläche, daß es sich auch ohne menschliches Treten bewegte.

Trotzdem galt der Umgang mit dem Wasserrad – «Noria» wurde es genannt – einst als Spielerei. Um 250 v. Chr. lebte in Alexandria ein bedeutender Erfinder mit dem Namen Ktesibios. Er entwickelte die Parastatische Wasseruhr, die ihn in der Antike berühmt machte. Seine Wasseruhr beruhte auf einem langsam in ein Gefäß einfließenden Wasserstrahl, wodurch sich ein «Schwimmer» ständig hob und durch seinen Zeiger die Zeit auf einem Zifferblatt anzeigte.

Berühmt wurde diese Erfindung aber nicht wegen ihres Nutzens für die Menschheit, sondern wegen des Unterhaltungswertes. Reiche Bürger von Alexandria (das liegt im heutigen Ägypten) ließen sich solche Wasseruhren bauen, um auf ihre Gäste

Eindruck zu machen. Dabei gab es einige Kunststückchen zu bewundern: Ein Zahnradgetriebe im Inneren des Uhrgehäuses und später ein kleines Wasserrad setzten zur vollen Stunde Figuren in Bewegung, drehten Säulen und ließen Spieltrompeten ertönen.

Ktesibios erfand viele solcher Geräte. So verwendete er ein kleines Wasserrad, um damit mechanische Vögel zwitschern zu lassen. Ein anderes Rad, ein «heiliges Rad» aus Kupfer, wurde zu kultischen Zwecken eingesetzt. Griff der Fromme in das Rad und hielt es an, so spritzte geweihtes Wasser aus der Nabe.

Solange es Sklaven gab, brauchte man das Wasser kaum als Antriebskraft. Erst später machte es uns mit all seiner Kraft klar, welch große Hilfe es ist. Und in Frankreich – wenig reich an Kohle, doch reich an Wasser – wird es «die weiße Kohle» genannt. Wasser ist wirklich ein gewaltiger Energiespender.

Kalt und warm

Diese Geschichte ist schon über hundert Jahre alt. In einem kleinen Dorf abseits der Landstraße lebte eine Familie, die nicht viel Geld hatte. Die zwei Kühe, die auf der Wiese standen, waren klein. Sehr klein. Im Winter magerten sie ab – dünn wie Ziegen sahen sie dann aus. Auch wuchs kaum etwas auf dem kleinen Ackerstück. Der Boden gab nicht viel her, denn der Felsen lag schon dicht unter der dünnen Krume und stand damit den Wurzeln im Wege.

In solch ärmlichen Verhältnissen wurde Johann groß, den sie im Dorf Hannes nannten.

Der Hunger klopfte täglich an. Besonders im Winter. Nur selten

Es klappert die Mühle am laufenden Bach… nicht mehr

gab es Fleisch und für den Vater ein Bier. An seinem Geburtstag aber schickte der Vater Hannes ins Wirtshaus:
«Geh und hole mir einen Krug Bier!» Der Junge befolgte den Wunsch des Vaters und tat, wie ihm geheißen. Der Vater schaufelte rasch ein wenig Schnee in eine verzinkte Wanne und stellte den Krug hinein. «Damit halte ich mir das Bier kalt!» sagte er zu Hannes.
Für die Mutter sollte Hannes Wasser holen. Doch der Brunnen war zugefroren. Unverrichteter Dinge kam Hannes zurück.
«Dumm-Hannes», schimpfte die Mutter, «du kannst doch ebensogut Schnee nehmen!»
«Schnee ist Wasser!» – Klar, das wußte Hannes. Aber er hatte eine Frage. «Es ist doch komisch. Papa nimmt den Schnee zum Kühlen und ich zum Wärmen. Wenn ich in die Winterschule nach Wehn gehe, dann gebe ich immer Schnee in meine Holzschuhe, damit mir die Füße nicht erfrieren. Aber wenn ich Wasser reingeben würde, würden mir die Füße erfrieren.»
«So unterschiedlich ist das Wasser!» sagte die Mutter. «Schnee hält die Luft eingeschlossen, und das bildet ein wärmendes Polster. Ist der Schnee in deinen Holzschuhen getaut, ist es Wasser und wärmt nicht mehr. Im Gegenteil.»
Die Mutter von Hannes stellte den Topf mit dem Schnee auf den Herd. «Sieh, was gleich passiert!»
Der Herd war gut gefeuert, und bald sah Hannes, wie sich im Topf über dem Wasser Dampf bildete. Dann schließlich fing das Wasser an zu kochen. Kleine Blasen stiegen auf und später immer größere.
«Das war mal Schnee!» sagte die Mutter zu Hannes.
«Dann kann ich mir ja das nächste Mal heißes Wasser in die Pantinen füllen!»
«Du würdest dich elendiglich verbrennen!» warnte die Mutter.
«Komisch!» sagte Hannes zu sich. «Wasser kommt in so vielen Arten vor, daß ich gar nicht alles verstehen kann. Die Füße wärmt der Schnee, das Bier wird durch den Schnee kalt gehalten, und im Topf auf dem Herd gerät der Schnee sogar zu Dampf.»

«Auch Bier wird aus Wasser gemacht!» lachte der Vater.

«Aus Schnee?» fragte Hannes.

Draußen am Fenster schlugen dicke Flocken gegen das Glas und zerrannen dort bald zu Wasser. Ein Eiszapfen taute auf und ließ Tropfen nach Tropfen auf den Boden sinken. In der warmen Stube schlürfte Hannes seine Suppe. Lange noch dachte er darüber nach, in wie vielen Formen das Wasser doch zugegen ist. Mal ist es Wasser, mal Eis, mal Schnee, mal Dampf, mal Nebel, mal Reif, mal Tau… Darüber schlief Hannes bald auf seinem Strohlager ein.

Rätselhaftes Wasser. Ein Ratequiz

Es gibt viele Ausdrücke, die mit dem Wasser zusammenhängen: Mal läuft es uns im Munde zusammen, ein anderes Mal aus den Augen, dann hat man vielleicht einen Wasserkopf oder zumindest Wasser in den Beinen. Mit etwas Wackelpuddingpulver. Hier nun sollst du dein Wissen über das Element Wasser testen. Mal lustig, mal ernst.

1. Es gibt ja ein Sprichwort: «Ein warmer Regen fällt auf mich herab.» Der Ausdruck stammt aus der Sprache des Films. Wie ist diese Redensart entstanden?

a) Weil beim Film nur mit warmem Wasser gearbeitet wird, damit sich die Schauspieler nicht erkälten.
b) Das ist ein Zitat aus der Verfilmung von Herrn Noahs Buch: «Die Sintflut».
c) Szenen, die trotz Regen im Freien gedreht wurden, waren besser bezahlt.

2. Nur ein minimaler Teil der Erdoberfläche ist mit dem Süßwasser «beglückt». Der Amazonas mit seinem Nebengewässer-System hat einen Anteil an diesen Süßwassermengen. Wieviel Prozent wohl ?

a) 0,1 Prozent.
b) 0,5 Prozent.
c) 5 Prozent.

3. Wasser wird manchmal sehnlichst erwünscht. In den USA und in Israel werden schon professionelle Regenmacher angeheuert. Was machen sie?

a) Sie beten nach alter Indianersitte um das Regenwasser.
b) Sie schießen Pfeile in die Regenwolken.
c) Sie impfen von einem Flugzeug aus die Wolken mit Silberjodid oder Trockeneis. Dadurch wird die Bildung von Eiskristallen in den Wolken begünstigt, die dann zu Regentropfen werden.

4. In wasserarmen Ländern, wie Palästina, spielt der Regen eine entscheidende Rolle. Das Alte Testament hatte keinen Ausdruck für den Winter. Winter hieß dort:

a) Zeit des Wassers.
b) Zeit des Regens.
c) Adventszeit.

5. Der Rhein ist ein beliebter Fluß. Aber Rheinwasser enthält mehr als 100 000 Substanzen. Trotzdem kann es zu Trinkwasser aufgearbeitet werden. Wie viele Menschen trinken täglich Rheinwasser?

a) Eine Million Menschen – die Bewohner der Stadt Köln.
b) Nur 50 000.
c) 20 Millionen.

6. Welche wichtige Aufgabe leisten Wasserpflanzen?

a) Sie begrünen die sonst öden Wasserflächen.
b) Sie halten die im Wasser lebenden Schmutzstoffe fest, nehmen Kohlendioxid auf und geben bei Licht Sauerstoff ab; das beschleunigt die Zersetzung des Schmutzes.
c) Sie sind gute Verstecke für kleinere Fischarten.

7. Du kannst dir deinen Regenbogen selber machen. Wie?

a) Ich leuchte bei Regen mit meiner starken Taschenlampe.
b) Ich nehme einen Feuerwerkskörper und brenne ihn bei Regen ab.
c) Ich halte einen Gartenschlauch gegen die Sonne und drehe das Wasser auf.

8. Woher stammt wohl der Ausdruck: «Vom Regen in die Traufe kommen»?

a) Jemand flüchtet sich bei Regen unter die Traufe eines Hauses, aus der das gesammelte Regenwasser schießt und ihn klatschnaß macht.
b) Jemand wird unfreiwillig in ein Wasser-Bassin geworfen (getauft = getrauft).
c) Jemand kommt klatschnaß in ein Lokal und gerät dort in eine Trauferei (altdeutsch für Rauferei).

9. Der Mensch greift in die Natur ein. Er begradigt Wasserläufe. Was kann die Folge sein?

a) Das Wasser heizt sich durch die schnellere Fließgeschwindigkeit zu sehr auf.
b) Die Wasserläufe sind dadurch auch im kleinen schiffbar und vielseitiger zu benutzen.

c) Durch die rasche Fließgeschwindigkeit kommt es zu Überschwemmungen, zu Hochwasser.

10. Eine Baumart wächst besonders gerne nah am Wasser. Vor allem in Uferregionen und auf Flachmooren. Welcher Baum ist das?

a) Die Erle.
b) Die Tanne.
c) Die Eiche.

Auflösungen: 1 c; 2 c; 3 c; 4 b; 5 c; 6 b; 7 c; 8 a; 9 c; 10 a.

Was ist Regen?

«*Regen*: Niederschlag in flüssiger Form, der dadurch entsteht, daß kleine, schwebende Wolkentröpfchen durch verschiedene wolkenphysikalische Prozesse zu größeren Tropfen (Regentropfen; Durchmesser größer als 0,5 Millimeter) anwachsen, die von der Luftströmung nicht mehr getragen werden, ausfallen und den Erdboden erreichen. Nach der Tropfengröße unterscheidet man gewöhnlichen, großtropfigen Regen (Landregen) und kleintropfigen Regen (Sprühregen).»

(Aus: Meyers kleines Lexikon der Meteorologie. Mannheim 1987, S. 321)

Voll, voller, am vollsten

Du hast ein Trinkglas bis zum Rand voll mit Wasser gefüllt. Was glaubst du, wie viele Gegenstände da noch reinpassen, ohne daß das Wasser überläuft? Besonders gut eignen sich Nadeln, kleine Nägel oder auch Büroklammern.
Mach eine Wette mit deinen Freunden. Sie werden sich wundern, wenn du «hoch wettest».
Nun kann man dieses Spiel auch so verändern, daß man reihum die Gegenstände in das Glas plumpsen läßt. Bei wem sich das Wasser über den Rand bewegt, der hat verloren. Wirklich verloren? Wer was Tolles in der Natur entdeckt, der hat doch immer gewonnen.

Wie viele Münzen passen da noch rein?

Die Erklärung für dieses Spiel ist einfach. Durch die Oberflächenspannung bildet sich eine winzige Haut, die dehnbar ist. Eine andere Spielart ist die: Nimm ein kleines Salzfäßchen und streue das Salz in ein Glasgefäß, das randvoll mit Wasser gefüllt ist. Sicher wird da nicht viel Salz reinpassen – oder?
Es scheint einfach nicht zu gelingen, das Wasser zum Überlaufen zu «zwingen». Denn das Salz löst sich auf und löst sich auf und löst sich auf... Das Volumen der Salzkörner ist zwar groß – aber gelöst nimmt Salz nicht die gleiche Menge Platz ein wie in fester Form.

Unsinkbar – ein «Zaubertrick»

Was passiert wohl, wenn du eine Nadel in eine Schale mit Wasser legst? Klar, sie geht unter. Aber du bist ja ein Zauberer. Nimm etwas Papier von der Küchenrolle und lege darauf die

Salz löst sich plötzlich in Luft auf. Oder doch im Wasser?

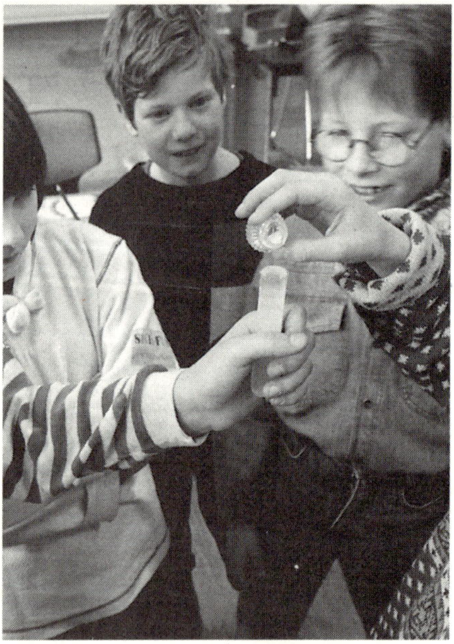

Nadel. Führe beides vorsichtig mit einer Gabel in eine Schale mit Wasser.
Das «leichtere» Küchenpapier sinkt, und die «schwerere» Nadel bleibt – o Wunder – oben auf der Wasseroberfläche liegen.

Marktschreier

Stell dir vor, du wärest ein bekannter Marktschreier und hättest wunderbare Ideen.

- Wie würdest du die Vermeidung der Gewässer-Verschmutzung «bewerben»?
- Wie würdest du einen See anpreisen, der Trinkwasserqualität hat?
- Wie würdest du eine Hochwasserkatastrophe verhindern helfen?

Oder anders herum:
Wie würdest du atomar verseuchtes Wasser als bestes Quellwasser «verkaufen»?

Treibfahrt der Eisschollen

Die Mitspielenden sind Tiere am Pol (z. B. Pinguine). Sie stehen auf Eisschollen aus Zeitungspapier. Der Spielleiter steht außen und beschreibt die Treibfahrt der Scholle. Mal ist sie im kalten Gebiet, mal im warmen. Je mehr die Eisscholle ins wärmere Gebiet kommt, desto mehr schmilzt sie. Das heißt: Der Spielleiter verkleinert die Eisscholle immer mehr, indem er Papierstreifen von den Zeitungsblättern abreißt. So treibt die Scholle weiter und weiter und wird kleiner und kleiner. Die Spieler müssen sich immer gegenseitig halten und helfen. Das Spiel ist beendet, wenn die Gruppe wackelt und droht «unterzugehen».
Das Spiel dauert etwa zehn bis zwanzig Minuten. Schön ist es, wenn eine entsprechende Musik als Begleitung eingesetzt wird.

Spiel

Autowaschanlage

Die Gruppe teilt sich in zwei Reihen auf, die sich wie bei einer Autowaschanlage gegenüberstehen. Aber manche können auch sitzen oder knien.

Ein Freiwilliger muß sich dann finden, der die Waschanlage mit all ihren Tücken durchläuft.

Die Mitspielenden sind dabei bemüht, das «dreckige Auto» mit Händen und Füßen auch ohne Wasser zu reinigen.

Und das kann für das Auto manchmal ganz schön kitzelig sein.

(Aus: Ulrich Baer u. a.: Remscheider Spielekartei. Münster 1985. Ökotopia Verlag)

Ein Taucher, der nicht taucht, taugt nicht ...

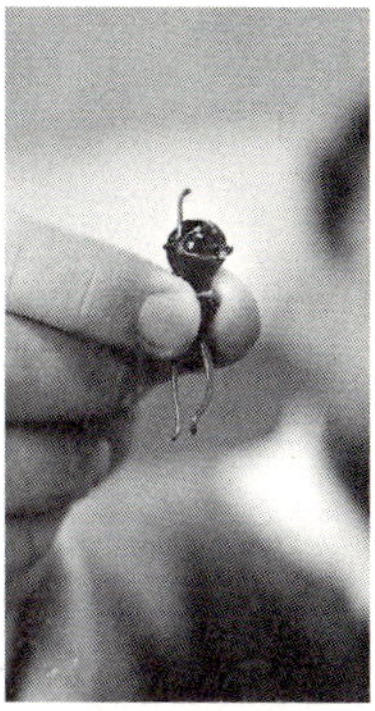

Dieser etwas seltsam klingende Spruch hat dennoch eine Weisheit. Wenn ein Taucher nicht taucht, dann darf er sich nicht Taucher nennen.
Und tatsächlich: Voll Stolz hatte ich meinen Taucher «Archibald» mit in die Schulklasse gebracht.
Ganz schnell hatten alle Kinder ihn ins Herz geschlossen, denn er sah so liebenswert nett aus. Sein Körper besteht aus Glas und ist sehr, sehr empfindlich. Was mein Taucher besonders gut kann? Tauchen, sag ich doch.
Aber erst schien es nicht zu gelingen. Ich nahm eine Flasche mit einer breiten Öffnung und füllte sie voll mit Wasser. Dann ließ ich Archibald hinein. Er tauchte? Nein! Er tauchte eben nicht!
Dann kam mein Geheimnis. Ich stülpte einen Gummistopfen über, einen, den man außen über den Flaschenhals zieht. Dann ließ ich Johanna drücken, ließ Anne drücken, und jeder kam mal dran.
Sobald man oben auf das Gummi drückte, senkte sich Archibald in der Flasche hinab, er tauchte regelrecht unter. Und wenn man ganz kurz den Druck nachließ, dann wirbelte er sogar wie ein Tänzer aus einem Musical. Es hat riesig Spaß ge-

macht, denn Archibald taugte zu was. Er taugte zum Tauchen und zum Tanzen.
Aber warum er tauchte, will ich hier doch noch kurz verraten. In seinem Glaskörper hat Archibald ganz dünne Luftröhrchen. Und beim Drücken auf den Gummipfropfen wird die Luft zusammengestaucht, und mein Taucher gerät «unter Druck». Dann ist er ganz rasch nach unten verschwunden.
Ich habe einmal gelesen, daß man so einen Taucher auch aus Apfelsinen- oder Zitronenschalen basteln kann. Denn: In der Schale der Frucht ist auch Luft, die zusammengedrückt werden kann. Wichtig ist, daß der Gummipfropfen am Halse der Glasflasche gut abschließt. Daß er dicht ist …

Magnetisches Wasser

Jeder wird sagen: Da spinnt doch einer. Wasser ist nie und nimmer magnetisch. Ich will es mit einem Experiment beweisen, und meine jungen Assistenten der Grundschule Müllenbach sind ganz bei der Sache. Sie glauben mir *kein* Wort.
Eins muß ich vorausschicken: Wasser hat einen ganz besonderen Aufbau. Es besteht aus zwei Wasserstoffmolekülen (H) und einem Sauerstoffmolekül (O). Die Wasserstoffmoleküle sind wie Hasenohren an das größere Sauerstoffmolekül geklebt. Es ergibt sich also keine Gerade H – O – H, sondern ein Winkel. Und deshalb gibt es eine besondere Ausrichtung im Molekül, es ist auf einer Seite mehr oder weniger «magnetisch», es zieht an und stößt auf der anderen Seite ab. Diese Eigenschaft nennt man Dipolarität (Zwei-Pole).
Wasser magnetisch? Dominik holt aus dem Physikkasten einen starken Magneten. Nein – nie und nimmer!
So, jetzt aber zu unserem Experiment. Ein Rohr oder ein Gummischlauch werden senkrecht über einem Gefäß angebracht.
Es muß gelingen, das Wasser in einem dünnen Strahl auslaufen zu lassen. Eine Apparatur mit Glasrohr, Gummi und Quetschhahn ist ideal. Man findet die Teile im Chemielabor.

Klar – Eisen ist magnetisch ... aber Wasser?

Dann ist noch ein Hartgummistab wichtig. Der, das weiß fast jeder, kann sich elektrostatisch aufladen. Wir reiben ihn mit einem Wolltuch kräftig ab.

Nun führen wir den Stab an den dünnen Wasserstrahl. O Schreck. Was passiert da?

Also es stimmt. Das Wasser wurde von diesem Hartgummistab *angezogen.* Es hat sich also magnetisch verhalten. Natürlich nur im übertragenen Sinne. In Wirklichkeit hat das Gelingen dieses Experimentes etwas damit zu tun, daß der Stab elektrostatisch aufgeladen wird und das entstandene elektrische Feld in eine Wechselwirkung mit den Dipolen des Wassers tritt. Es richtet die «Hasenohren» aus, und so werden die elektrischen Anziehungskräfte wirksam.

Wegen dieser tollen Eigenschaft ist Wasser ein wunderbares Lösungsmittel.

Jetzt wird man mir wohl glauben, daß man auch *das* kann:

Wasser verknoten

Dazu brauchst du einen Joghurtbecher und einen spitzen Gegenstand (Nagel, Schere).

Ziemlich weit unten im Becher bohrst du in einem Abstand von einem halben Zentimeter mehrere Löcher. Im Spülstein füllst du den Becher mit Wasser, und dann siehst du, daß mehrere kleinere Wasserstrahlen durch die Öffnungen fließen. Nimm jetzt deine Finger und «kneife» die Wasserströme zusammen. Ziehe anschließend die Hand weg. Tatsächlich, die Wasserstrahlen sind verknotet. Es fließt nur noch ein gemeinsamer Strahl.

Die Erklärung ist ziemlich einfach. Wasser hat ja eine Oberflächenspannung, und die wird in diesem Falle «ausgenutzt».

(Anregung aus: Wasser erkunden und erfahren. Mülheim a. d. Ruhr 1990, S. 17. Verlag an der Ruhr)

Trick
SPRACHSCHATZ

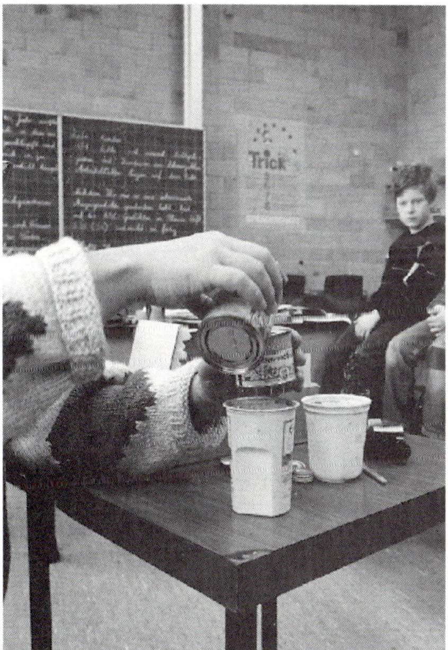
Trick

Die natürliche Wetterstation

Wir basteln ein Hygrometer (einen Wassermesser), indem wir einen Tannenzapfen aus dem Wald holen. Die Feuchtigkeit der Luft gibt Aufschluß über das Wetterverhalten.
Tannenzapfen haben die Eigenschaft, bei feuchter Luft ihre Schuppen zu schließen. So soll der Samen vor Regen geschützt werden. Dagegen sind die Schuppen bei gutem Wetter weit geöffnet. Und zwar deshalb, damit der Wind den Samen wegblasen kann.
Jetzt befestige ich den Tannenzapfen mit Knetgummi auf einem Brett. Die Skala bildet man, indem man den Hintergrund von *feucht* bis *heiter* einteilt. Dies muß man natürlich ausprobieren. Jetzt gilt es nur noch, einen Zeiger aufzusetzen, der die Richtung anzeigt. Dies kann zum Beispiel mit einem langen Streichholz geschehen, welches man auf einer Schuppe festklebt. Schon ist es da: ein natürliches Meßinstrument.

(Anregung aus: Wasser erkunden und erfahren. Mülheim a. d. Ruhr 1990, S. 23. Verlag an der Ruhr)

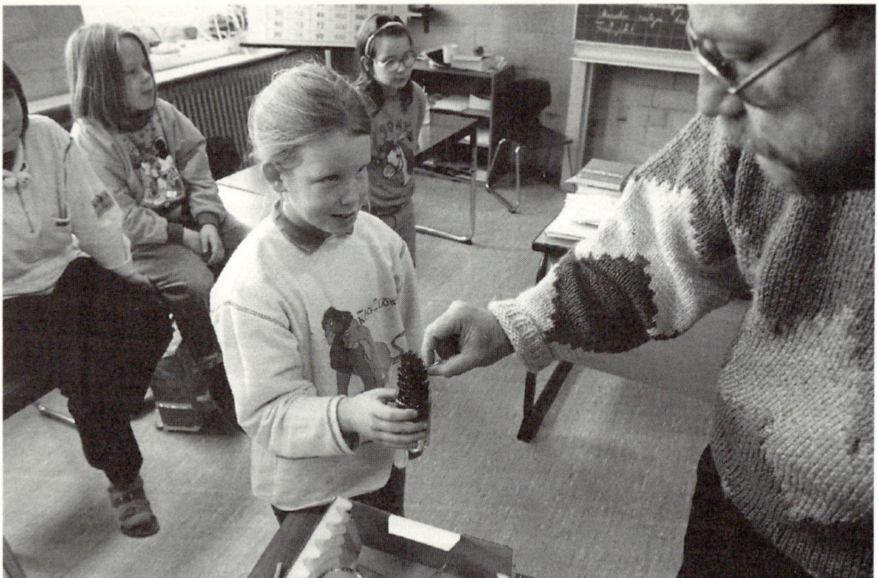

Wasser für die Industrie des Mittelalters

Viele Gegenstände, die wir heute selbstverständlich benutzen, gibt es noch nicht lange. Wenn wir einen Kochtopf aus Edelstahl aus dem Schrank holen – dann ist das für uns ganz *normal*. Früher wurde zwar auch nur mit Wasser gekocht, aber die Behältnisse waren sicher nur selten aus Eisen. Denn Eisen war sehr kostbar und nur schwer herzustellen. Aber findige Menschen haben entdeckt, daß das Wasser ganz schön dabei helfen kann, dem Menschen die Förderung und auch die Verarbeitung des Metalls zu erleichtern.
So heißt es noch geheimnisvoll in einer alten Urkunde:
«Nicht weit von diesem Hofe liegt auch der in alten Zeiten sehr berühmt gewesene Löllberg, welcher soviel Eisenstein geliefert hat, daß eine Hütte so vom Wasser getrieben und vier Handhütten davon gegangen haben…!»
Das Wasser also als Verhüttungshilfe. Aber sicher doch. Denn es lieferte die Energie, die nötig war, um den Verhüttungsprozeß in Gang zu bringen. Nach dem derzeitigen Forschungsstand wurden um 1220 die ersten wassergetriebenen Hütten nachgewiesen.
Die Hüttenplätze lagen am Wasser. Über die Wasserkraft wurden leistungsfähige Gebläse betrieben. Das Wasser diente also als wichtiger Zuträger der «Luft».

Eine Talsperre wird saniert

Was passiert, wenn eine Sperrmauer nicht mehr ganz dicht ist? Klar, sie muß ausgebessert – saniert – werden. Auch wenn nur der kleinste Verdacht besteht, daß sich eine undichte Stelle im Mauerwerk befindet, muß gehandelt werden. Das sagten sich auch die Ingenieure vom Wupperverband, der die Brucher-Talsperre bei Marienheide unterhält.

Eines Tages standen die Ingenieure und eine ganze Menge Bauarbeiter mit ihren Maschinen ganz in unserer Nähe. Zuvor war die Talsperre den ganzen Sommer über abgelassen worden. Dort, wo wir im Sommer immer schwimmen und paddeln gehen, standen auf einmal die Bagger. Ein riesiges Schwimmbecken tat sich vor uns auf, aber eben ohne Wasser.

Herrlich von Wäldern umgeben ist diese Talsperre. Eine Freizeitlandschaft, die von vielen Menschen besucht wird. Aber zwei Jahre müsse sie wenigstens «auf dem Trockenen» sein, meint der leitende Ingenieur Hans Krauthan, als ich ihn mit einer Schulklasse besuche.

Er hat sich viel Zeit genommen, denn er weiß von mir, daß die Kinder aus der Grundschule sehr neugierig sind.

Wir sitzen in einer großen Baubude, eigentlich ist es ein Baucontainer, genau dort, wo ich im Sommer immer meine Handtücher ausgebreitet hatte.

Bei Herrn Krauthan hängt ein Bild an der Wand.

«Ein altmodischer Mann. Ist das der Erfinder des Wassers?» fragt Kalle.

«Das ist so was wie mein guter Geist. Das ist Professor Intze, der war ein ganz fähiger Ingenieur und hat die Talsperren, wie sie hier bei euch im bergisch-märkischen Gebiet stehen, mehr oder weniger erfunden. Aber erst einmal habe ich eine Frage an euch: Wie kommt Wasser vor?»

«Als Regen!» sagt Claudia. Sie meldet sich immer als erste.

«Als Eis!» weiß Kalle. Und Pit setzt nach: «Aber auch als Schnee!»

«Tatsächlich!» sagt Herr Krauthan. «Und dann gibt es noch eine, oder sagen wir mal zwei weitere Erscheinungsformen. Na, wie ist es, wenn der Schnee verdunstet?»
«Nebel gibt es dann!»
«Richtig! Und dann haben wir noch den Tau, den Rauhreif und vor allem den Wasserdampf! Seht ihr. In so vielen Erscheinungsformen kommt Wasser vor. Und weil Wasser so vielfältig ist, ist es auch ein kostbares Gut, das wir alle erhalten müssen. Wasser ist aber auch ein tolles Hilfsmittel für die Menschen,

Badestrand vor vierzig Jahren

nicht nur als Trinkwasser. Wasser schwemmt den Schmutz weg, Wasser war Antriebsmittel für Mühlen und Kühlmittel für Kraftwerke, es ist Transportweg für Schiffe, und hier ist es ein…?»

«Eine Baustelle!» sagt Julia vorlaut.

«Ein Erholungsort und eine Baustelle!» lacht Herr Krauthan. «Und damit der Stausee wieder ein Ort der Erholung wird, deshalb stecken wir jetzt 20 Millionen Mark hier rein, damit die Mauer auch absolut sicher und dicht ist!»

«20 Millionen!» wundern sich manche. «Ist eine Talsperre denn soviel wert?»

«Ja», nickt der Ingenieur, «auch wenn die Talsperre für unseren Verband, den Wupperverband, heute nicht mehr den großen Nutzen hat – die Mauer muß erhalten bleiben, das ist doch klar…»

«Klar wie das Wasser!» sagt Julia.

Und dann geht Herr Krauthan zu einer Landkarte. Er zeigt mit einem Stock:

«Hier, seht ihr, braun, wie es eingezeichnet ist, das sind Erhebungen, Berge. Die höchsten Erhebungen liegen auf der Nord- und Nordostgrenze und stellen Wasserscheiden dar, so daß die Hauptwässer nach Westen, Südwesten und nach Süden fließen. Das Bergische Land gehört zu den niederschlagreichsten Teilen Deutschlands. Und dennoch stößt die Wasserversorgung hier auf große Schwierigkeiten. Warum? Grundwasserspeichernde Kies- und Schotterdecken fehlen, der größte Teil des Niederschlags fließt oberirdisch ab. So hat man hier immer lange Trockenperioden im Sommer.»

«Sprechen Ingenieure eigentlich immer so kompliziert?» fragt mich Pit. Ich sage: «Ingenieure nehmen es sehr genau. Darum sind sie das ja auch geworden!»

«Die Industrien nutzten schon frühzeitig das Wasser der Flüsse und Bäche als Brauchwasser. Die schwankenden und damit auch unsicheren Wasserführungen ließen aber eine regelmäßige Ausnutzung nicht zu. So dachte man darüber nach, die fließenden Gewässer anzustauen, um ihre Kraft zu regulieren und das zu schnelle Abwandern des Wassers zu verhindern.»

«Und wandert jetzt das Wasser nicht mehr einfach weg?»
«Wir haben ja diese Sperrmauer gebaut. Seht mal, hier muß ich ein Bild haben, damals, als die Mauer gebaut worden ist. Ihr seid doch aus Müllenbach. Wißt ihr eigentlich, daß es eine extra Bahn zwischen der Baustelle hier und den Steinbrüchen in Müllenbach gab? Da wurden die Steine direkt hergebracht!»

Schon früh erfand der Mensch Hilfsmittel, um das Wasser nutzbar zu machen. Er speicherte es, schützte sich mit Deichen vor Hochwasser, entwässerte Sümpfe und verwandelte Täler durch Sperrmauern in Stauseen. Vor Jahrtausenden gab es schon in China, Indien und Ägypten Stauanlagen. Nach Herodot faßte der größte Staudamm der Antike, der 2000 v. Chr. zur Nilentwässerung angelegt wurde, drei Milliarden Kubikmeter. Diese Menge entspricht in etwa dem Fassungsvermögen aller deutschen Talsperren zusammen.
In Europa entstanden die ersten gemauerten Sperranlagen im spanischen Alicante. Für industrielle Zwecke, vor allem für den Bergbau, wurden seit dem 16. Jahrhundert im Harz zahlreiche Waldtäler durch Erddämme abgesperrt. Aus dem Harz, wo die bergischen Pulverfabrikanten Cramer & Buchholz Zweigwerke betrieben, brachten die Industriellen auch die Idee des Talsperrenbaus mit. Die Mühlen und Hammerwerke an den vielfältigen Flüssen und Bächen dieser Mittelgebirgslandschaft brauchten das Wasser stetig und kontrolliert. Die Wasserverhältnisse sind trotz des hohen Niederschlages in dieser Region nur von mittlerer Gunst: Die geringe Durchlässigkeit des festen Gesteins, der Grauwacke, ist dafür verantwortlich.

Sanierung der Mauer nach 80 Jahren – und beim Bau

Gerade aber diesen Stein verwandte Professor Intze für die Gewichtsmauern. Die Industrie benötigte Brauchwasser und die Bevölkerung, gerade in den höher gelegenen Städten Remscheid und Solingen, das Trinkwasser. So wurde vor 100 Jahren die erste Trinkwassertalsperre Deutschlands im Remscheider Eschbachtal angelegt. Danach folgte der Durchbruch. Professor Intze hatte reichlich zu tun: Seine Gewichtsstaumauern aus Grauwacke-Bruchsteinen mit Kalktrass-Mörtel waren die ersten Sperrmauern und stauten das Wasser zu kleinen und großen Seen auf.

Exkursion

«Was sind eigentlich Talsperren?» will Claudia wissen. «Da wird doch Wasser gesperrt und nicht Täler!»
«Du siehst das richtig!» lacht Herr Krauthan. «Ein Talschluß wurde abgesperrt, damit das Wasser sich in diesem neu geschaffenen Becken sammeln kann. Als Talsperren bezeichnet man allgemein Stauanlagen mit einem Stauinhalt von mindestens 100 000 Kubikmetern und einem gemauerten Absperrbauwerk von mindestens fünf Meter Höhe. Die Mauern des Professor Intze – dies hier ist eine von ihm – erhalten ihre Standsicherheit vor allem durch ihr Gewicht. Sie sind zur Wasserseite hin gewölbt, damit der Druck des Wassers die Standfestigkeit erhöht. Der Querschnitt ist dreieckig, das heißt: Die Mauer verbreitert sich auf der Luftseite von oben nach unten. Und jetzt frage ich euch, was wohl noch – außer der Mauer – zu einer Talsperre gehört. Das sehen wir uns dann alles gleich mal an.»
Pit meinte, zu einer Talsperre gehöre eine Frittenbude.
Aber das meinte Herr Krauthan nicht.
«Zu einer Talsperre gehören neben der Mauer oder dem Damm das Staubecken mit einem oder mehreren Vorbecken, die Grundablaßanlage zur völligen Entleerung der Talsperre, die Hochwasserentlastungsanlage – eine Art Überlauf – und das Tosbecken. In ihm werden die großen Energiemengen der überlaufenden Wassermassen vernichtet, bevor sie dem Flußbett zugeleitet werden.»
Dann will unser «Talsperrenlehrer» von uns wissen, welchen Nutzen Talsperren haben. Wir rätseln lange und hören dann:
«Also, das sage ich euch, nicht allein die Regulierung der

Flußläufe stand beim Bau der Talsperren im Vordergrund. So dienten manche der Trinkwasserversorgung, andere dem Hochwasserschutz, der Bereitstellung von Betriebswasser, der Aufhöhung des Niedrigwassers, der Verbesserung der Wasserqualität der Flüsse, der Wasserkraftgewinnung, der Erholung und gar der Förderung der Schiffahrt.»

«Am Biggesee!» weiß Pit. «Aber ich weiß auch, daß Leute wegziehen mußten aus ihren Häusern, weil dieser Biggesee gebaut worden ist. Da sind ganze Dörfer umgesiedelt worden, nur damit so ein komischer Dampfer da fahren kann!»

«Nun, so ist das ja auch nicht!» Der Wasseringenieur räuspert sich. «Daß vor der Erholung die Vertreibung der ansässigen Bevölkerung aus den Dörfern, die überflutet werden, steht, das ist ein anderer Aspekt des Talsperrenbaus. Er muß natürlich mitbedacht werden, wenn man Talsperren anlegt. Man muß zwischen Nutzen und Verlusten abwägen. Das ist eben unsere Aufgabe. Und für das Wohl aller muß so mancher einzelne Opfer bringen.»

«Was an dieser Talsperre noch besonders ist», sagt Herr Krauthan zu uns und zeigt aus dem Fenster der Baubude, «da hinten, dieser gemauerte Stollen, da wird die Wipper umgeleitet. Ein Drittel bleibt in ihrem Bett, und die anderen zwei Drittel holen wir uns über einen Stollen, der unterirdisch durch den Berg geht. Der Beileitungsstollen hat eine Länge von 1,3 Kilometern. Das ist überhaupt ein besonderer Fluß. Welchen Namen hat die Wipper noch?»

«Wupper! Weiß doch jedes Kind!»

«Eben nicht, viele meinen, das sind zwei verschiedene Flüsse. Aber hier, wo sie entspringt, von hier bis hin nach Wipperfürth, da heißt sie Wipper und danach Wupper. Sie hat einem ganzen Tal den Namen gegeben und sogar der… na?»

«Schwebebahn. Aber da hat die Wupper ganz schön viel Dreck drinnen, wenn man darüber fährt!»

«Damit das Wasser rein bleibt und reguliert wird, dafür gibt es ja die Talsperren.»

Herr Krauthan ist mit uns auf die Sperrmauer gegangen.

«Seht ihr, diese Mauer hier, die ist von 1912 bis 1914 gebaut worden. Und wir wollen, daß sie als Denkmal einer wichtigen Epoche des Talsperrenbaus erhalten bleibt. Die Bruchsteine sind aus der heimischen Grauwacke gewonnen und mit Kalktrassmörtel verbunden worden. Der Stein ist dicht, aber damals kannte man noch nicht so widerstandsfähigen Mörtel wie heute. Wir wollen die Talsperre nach dem ursprünglichen Prinzip für weitere 80 bis 100 Jahre voll gebrauchsfertig wiederherstellen und sie gleichzeitig an die heutigen, sehr anspruchsvollen Sicherheitsanforderungen anpassen. Zu diesem Zweck wurde auf der Wasserseite der alten Mauer ein neues Dichtungssystem gebaut. Was glaubt ihr, wie lang die Mauer ist?»
«100 Meter? 50 Meter? 135,89 Meter!» hören wir von den Schülern.
«Mehr!» sagt Herr Krauthan. «Länger! Die bogenförmige Gewichtsstaumauer ist 200 Meter lang und hat eine Kronenbreite von 4 Metern. Am Fuß mißt man maximal 19 Meter, und die Höhe der Mauer beträgt 25 Meter. Die Krone, das ist die obere Breite. Bei Beginn der Sanierung war die Mauerkrone stark verwittert. Seit 1920 hatte sich ein Spalt zwischen der Mauer und dem wasserseitigen Verblendmauerwerk gebildet. Und ich habe in einem Protokoll nachgelesen, daß sich schon 1916 feuchte Stellen an der luftseitigen Mauerfläche zeigten.»
«Und wie wollen Sie die Mauer jetzt dicht kriegen?» will Kalle wissen.
«Die Dichtung wird erreicht durch einen an den Untergrund anschließenden Kontrollgang und eine aufgesetzte Vorsatzwand – wasserseitig. Über die gesamte wasserseitige Mauerfläche zieht sich ein Netz von Mauerankern. Sie verhindern eine Spaltbildung. Die Sanierungsmaßnahmen verhindern die Durchströmung in der Mauer und verringern sie im Untergrund. Hierdurch mindert sich der Sohlwasserdruck, den Professor Intze mit seinen damaligen Kenntnissen noch nicht berechnen konnte. Das ist also eine besondere Art von Druck, der an der Sohle der Mauer entsteht.»
«Und wie lange wird es dauern, bis wir wieder schwimmen können?»

«Zwei Jahre, drei Jahre. Aber ich verspreche euch, wenn ihr dann wieder hierher kommt, dann gehen wir mal den unterirdischen Kontrollgang entlang, dann könnt ihr selber sehen, ob die Mauer noch ganz dicht ist!»
Da sagt Kalle zu mir: «Du als Dichter, kannst du das nicht ein bißchen schneller hinkriegen?»

Sauberes Wasser ...

Sauberes Wasser wünschen wir uns. Doch das ist nicht so einfach, wie wir uns das denken. Viele Menschen erhalten Trinkwasser aus dem Filtrat der Flüsse. Eine bessere Qualität erhält man in der Regel aus Trinkwassertalsperren. Aber da muß die Umgebung auch stimmen. Wasserverbände gehen vermehrt dazu über, Bauern aufzuklären, wie sie statt Gülle und giftiger Pestizide ungefährliche Stoffe in der Landwirtschaft verwenden können. Viele wissen einfach nicht über die Alternativen Bescheid. Ins Grundwasser geraten aber auch Unkrautvernichtungsmittel von Orten, wo man sie nicht vermutet: von Bahngeleisen und Tennisplätzen.
Wie soll man bei all diesen Belastungen Trinkwasser gewinnen? Es gibt verschiedene Filterverfahren – eins will ich hier einmal vorstellen.
Trinkwassertalsperren sind besonders geschützte Talsperren. Die stillen Uferbereiche dienen als Rückzugsgebiete für Pflanzen und Tiere. Ein sorgsamer Umgang mit dem Wasser ist nötig, und so sind auch die Uferzonen und die weitere Umgebung der Talsperre besonders geschützt. Kein Wassersport darf auf ihnen betrieben werden, keine Autos dürfen an ihnen langfahren, und natürlich werden keine Abwässer hineingeleitet.
In Höhe des Dammes der Trinkwassertalsperre steht in der Regel ein Entnahmeturm. Das Wasser kann aus verschiedenen Höhen abgenommen werden und gelangt zunächst in die Vorreinigung.
Ohne Chemie geht es allerdings hier nicht. Damit die Verunrei-

nigungen sich an Flocken binden können, werden dem Wasser in geringen Mengen nahezu ungiftige Chemikalien zugefügt. Die entstehenden Flocken nehmen viel oberflächlichen Dreck aus dem Rohwasser.

In Vorbehandlungsbecken, meist hohen Wassertürmen, sinken die Flocken zu Boden, und das Wasser ist jetzt schon annähernd sauber.

Um die Reste der Flocken zurückzuhalten, fließt das Wasser nun durch eine dicke Quarzsandschicht. Diese Sandschicht wirkt wie ein Filter.

Aber im Wasser ist noch aggressive Kohlensäure, die Rohre beschädigen kann. Durch Kalk wird diese Säure neutralisiert und das Wasser auch ein wenig härter gemacht.

Um Keime abzutöten, wird das Trinkwasser schließlich noch gechlort. Chlor setzt Sauerstoff frei, und damit werden die Keime abgetötet, die überall zu finden sind – auch im Wasser.

Tina und ihre Freundin Corinna haben manchmal verrückte Ideen. Eines Tages entdeckten sie unterhalb der Sprungschanzen im sauerländischen Wintersportort Meinerzhagen die Quelle eines Flusses, der später dann zu einem ganz ansehnlichen Gewässer wird: die Agger. An einem Ferientag haben sie sich etwas vorgenommen.

«Was steht da?» Tina sieht auf ein Schild. «Zur Aggerqualle. Benutzung auf eigene Gefahr!»

«Aggerquelle muß das heißen!» verbessert ihre Freundin. «Paß auf, Tina, Brennesseln, mich hat schon eine gestochen.»

«Oder sind das doch die Aggerquallen?» lacht Tina.

Dann sehen sich die beiden Freundinnen die mickrige Quelle an. Tina schüttelt den Kopf.

«Das hier soll die Agger sein? Komisch, mein Papa wohnte als Kind auch an der Agger...!»

«Meiner auch, in Dieringhausen!» sagt Corinna. «Er erzählt immer davon, daß sie Floße gebaut haben und richtig drauf gefahren sind. Ein Floß gebaut und dann die Agger runter. Tina, das ist die Idee. Wir bauen selber ein Floß... und das lassen wir schwimmen. Dann laufen wir nebenher und sehen, wer schneller ist. Das Wasser oder wir.»

«Wetten, daß wir schneller sind!»

«Niemals. Ich kriege dann ein Eis mit Sahne. Komm, die Wette gilt!»

Die beiden klemmen einen Ast in ein Holzstück ein und machen daran ein Taschentuch fest.

Die Freundinnen sehen noch eine Metallplatte, auf die die Quelle tropft. «*Hier entspringt die junge Agger*», steht auf der Platte. Tina klopft dreimal drauf und setzt das Wassergefährt ein. «Toi, toi, toi, kleines Floß. Ich taufe dich auf den Namen AGGERPERLE. Sei froh, daß du keinen Mast hast, denn schon gleich mußt du dich ducken!»

«Ducken?»
«Ja, klar doch, Corinna, die beiden Sprungschanzen da, wenn da ein Springer runterkommt mit hundert Sachen auf seinen breiten Schiern, dann ist die AGGERPERLE platt.»
Corinna schaut die riesigen Schanzen hinauf.
«Eigentlich», meint sie, «eigentlich sind das ja schon die ersten beiden Nebenflüsse der Agger. Guck mal, die Schanzen enden doch genau oberhalb des Baches. Aber der hat jetzt schon einen Zahn drauf, Mannomann. Das ist ja hier wie bei den Oreganofällen!»
«Niagarafälle meinst du wohl. Komm los, wir müssen uns beeilen.»
Ganz schön steil geht die Agger bergab. Die Mädchen müssen rennen, um dem Floß zu folgen. Es wird ein kleiner Wettlauf.
«Paß auf, die Straße, Tina, paß auf, diese Raser!»
«Unsere Aggerperle», meint Tina, «die rast jetzt aber schon nicht mehr so rasch. Ist aber blöde, immer an der Straße lang zu laufen. Geht die Agger immer mit der Straße?»
«Die Straße mit der Agger. Klar, da wo ein Flußbett ist, hat sich ein größeres ausgeschwemmtes Tal gebildet. Und da hinein bauen die Leute die Straßen. Aber grün muß es hier mal gewesen sein!» weiß Corinna.
«Warum?»
«Da steht es doch. Grünenthal. Guck mal, da gibt es auch eine Fabrik. Ob die Agger hier mal ein Mühlrad gedreht hat?»
«Ob wir mal fragen?»
Die Mädchen schauen durch die Fabrikfenster. Was sie sehen, wundert sie. Tatsächlich grünt es hier. Große Pflanzentöpfe stehen dort und eine unzählige Menge Grünpflanzen.
«Hydrokultur!» liest Tina. «Hydro…, hat das nicht mit Wasser zu tun?»
«Hydrographie – ist die Gewässerkunde!» weiß Corinna.
«Aber irgendwie ist das doch komisch. Diese Pflanzen hier, diese Hydrokultur, die kommt ja ganz ohne Erde aus. Die leben wohl nur vom Wasser.»
«Von Luft und von Liebe!» Tina muß lachen. «Jetzt aber weiter, unser Schiffchen macht sonst den Weg ohne uns!»

Bald schon haben sie das Minifloß wieder eingeholt und stehen vor einem großen, geweiteten Tal, auf dem noch Mauerreste stehen. Auf einem Schild lesen sie:
«Burg Koverstein. Sie wurde wohl wie viele Burgen des Landes im 9. Jahrhundert gebaut. In einer Chronik heißt es: ‹Ein alter, aber wohl gebaueter Rittersitz an der Agger, im Thal zwischen den Feldern gelegen. Hat Waldungen, Saatland, Jagtland und Fischereyen. Auch eine einträgliche Kornmühle gehöret dazu.› Im Jahre 1865 mußte das Haupthaus wegen Baufälligkeit niedergelegt werden.»
Tina stellt sich die Burg vor. «Da waren bestimmt so kleine vergitterte Fenster drinnen und ganz dicke Mauern. Damit die Frauen nicht abhauen konnten!»
«Meinst du, daß deshalb die Burgen gebaut worden sind?» fragt Corinna ungläubig. Und Tina nickt: «Klar!»
Bald schon erreichen die Mädchen mit ihrem Floß ein Freibad. Das Vorstaubecken der Aggertalsperre ist ein sehr beliebter Treffpunkt im Sommer, mit Sandstrand. Die beiden Wettläuferinnen

Aggerstrom bei Derschlag

haben ihr Floß aus dem Wasser genommen, um erst einmal Spaß im Wasser zu haben.

Erfrischt gehen sie zur Talsperrenmauer. Hier, so wissen sie, hätte ihr Floß keine Chance. Wie soll es unbeschadet durch den Ablaß an der Talsperrenmauer kommen? Da, wo die Agger sich wieder als Flußlauf zeigt, da wollen sie das Floß wieder einsetzen.

«Guck mal, was auf dem Schild steht!»

«Aggertalsperre. Erbaut 1927–1928 von der Aggertalsperrengenossenschaft...! Manno, ist das ein langes Wort. *Aggertalsperrengenossenschaft.* Ich glaube, es gibt gar keine längeren Worte... als das!»

«Hier steht auch», liest Corinna, «Leute sind beim Bau der Mauer verunglückt! Mensch, geht das tief runter. Aber da unten, da lassen wir unser Schiffchen wieder zur See!»

«Siehst du, Corinna, unsere Agger hat sich schon ganz schön breit gemacht. Mal sehen, ob wir den Wettlauf gewinnen.»

Tatsächlich haben die beiden Entdeckerinnen jetzt mehr Zeit, denn der Fluß ist eher lahm geworden. So können die beiden in Ruhe die alte Kornmühle am Zufluß des Hesselbaches besehen.

«Riesig, dieses Rad. Ich glaube, im Durchmesser ist das größer als ich. Ob da Getreide drin gemahlen wurde? Und sieh mal, hier haben wir auch eine kleine Talsperre, einen Mühlenteich. Von da wurde das Wasser auf das Mühlrad geleitet. Corinna, jetzt aber wieder zurück zur Agger. Sonst verlieren wir das Floß aus den Augen.»

Tatsächlich sehen sie an der alten Brücke nicht ihr Schiffchen, sondern eine Wasserratte. Dick und fett sieht sie aus. Kein schöner Anblick, und die Mädchen schütteln sich. Bald schon kommen sie in Klosteragger an einer Fabrik vorbei und können auch noch erkennen, daß früher auch hier mit der Wasserkraft gearbeitet wurde. «Eine alte Wollfabrik!» weiß Corinna. Riesige Schaufelräder sind noch – stark verrostet – erhalten.

«Nur noch zwei Kilometer, dann hab ich gewonnen!» triumphiert Tina. «Siehst du das Hinweisschild? Derschlag 2 Kilometer.»

«Da trifft dich *der Schlag*!» lacht Corinna. «Aber die Leute hat auch der Schlag getroffen, als die Agger über die Ufer trat. Mein

Papa hat mal erzählt, daß der ganze Ort unter Wasser gestanden hat und sie nur raus konnten mit Gummistiefeln, die bis über die Knie gingen. Das war immer im Winter, wenn die Schneeschmelze war. Februar, sagt mein Papa, war der Hochwassermonat!»

Als die Freundinnen Derschlag erreichen, haben sie tatsächlich noch das Floß im Blick. Das letzte Stück rennen sie, und noch kurz, bevor die Agger mit zwei anderen Wasserläufen zusammenkommt, hat Tina das Holzgefährt eingeholt. Einfangen will sie es aber nicht.

«Tschüs, AGGERPERLE, mach es gut. Grüß auf deiner Reise die Sieg und den Rhein von uns. Gute Fahrt und immer eine Handbreit Wasser unter dem Kiel!»

«Die wird es wohl brauchen. So», meint Corinna, «wer hat die Wette gewonnen? Oder teilen wir uns das Eis?»

«Aber immer, Corinna, ich das Eis – und du das Hörnchen!»

Das Lied vom Wasser

Refrain
Kleiner Quell wird einmal Fluß,
kleiner Tropfen Ozean.
Alles was ganz groß uns scheint,
fängt ganz klein einmal an.

Hört euch die Geschichten an,
die ein Fluß erzählen kann;
waren's einst die Rittersleut,
sind's die Wollfabriken heut.

Hört dem Fluß genau mal zu,
leise ist er ab und zu;
manchmal ist er furchtbar laut,
hat in der Mühl vorbeigeschaut.

Text: Harry Böseke
Melodie: Ulrich Türk

Lied *Refrain*

Manchmal wird der Fluß gestaut,
Badesee ist uns vertraut.
Doch was der Fluß für sich behält,
hat noch niemand nachgezählt.

Es sind Geschichten vieler Zahl,
Arm und Reich traf er einmal.
Arm ist er – weil ohne Rast –
reich, weil er mit Wasser praßt.

Refrain

Zitat

Die Sintflut

«Und die Sintflut war vierzig Tage auf Erden, und die Wasser wuchsen und hoben die Arche auf und trugen sie empor über die Erde. Und die Wasser nahmen überhand und wuchsen so sehr auf Erden, daß alle hohen Berge unter dem ganzen Himmel bedeckt wurden. Da ging alles Fleisch unter, das sich auf Erden regte, an Vögeln, an Vieh, an wildem Getier und an allem, was da wimmelte auf Erden, und alle Menschen. Alles, was Odem des Lebens hatte auf dem Trockenen, das starb. So wurde alles vertilgt, was auf dem Erdboden war, vom Menschen an bis hin zum Vieh und zum Gewürm und zu den Vögeln unter dem Himmel. Allein Noah blieb übrig und was mit ihm in der Arche war.»

(Altes Testament, Schöpfungsgeschichte, 1. Buch Mose)

Weihnachten ist gerade vorüber, und ich sitze mit meinen Kindern beim Mittagessen. Es regnet in Strömen, und es scheint überhaupt nicht mehr aufhören zu wollen. Der Schnee, der über Weihnachten gefallen und gefroren ist, löst sich so rasch unter den Wassermassen auf, als sei er bereits Schnee vom vergangenen Jahr. Tina bedauert:
«Wenn das doch alles Schnee wäre, das wäre herrlich!» – Immerhin haben wir einen Skilift vor der Tür, am Dorfrand, mit einer ansehnlichen Abfahrtstrecke. Aber der Lift surrte in den letzten Jahren wohl nur zwei-, drei-, vielleicht viermal.
«Wenn das alles Schnee wäre!»
Ich sinniere mit meinen Kindern darüber, was sei, wenn die Umwelt nicht belastet wäre. «Wenn es diesen Treibhauseffekt nicht geben würde, dann wäre es vielleicht jetzt die entscheidenden ein, zwei Grade kälter, und es würde schneien.»
«Blöde Autos sind das!» meint Lisa. «Jeder muß sein eigenes Auto fahren, und die Busse sind leer!» Gerade ist wieder einer vor unserem Haus vorgefahren. Frau Wirth steht als einzige an der Haltestelle und hält mit dem Schirm sich und ihre Kleidung trocken.

«Man sollte nur noch Elektroautos fahren lassen!» fordert Anna und muß dann doch erfahren, daß auch Elektroautos von irgendwoher mit Energie versorgt worden sind. «Vielleicht sogar aus einem Atomkraftwerk!»
Das bringt Tina auf die Palme. «Dann nicht!» Und als wir darüber reden, daß ein Atomkraftwerk nur 35 Prozent seiner Energie tatsächlich in Stromenergie umsetzt und die andere Wärme nutzlos in die Flüsse «platscht», an denen die Werke stehen, ist Lisa wiederum sauer. «Damit die Fische ein Thermalbad haben, deshalb werden Atomkraftwerke gebaut?»

Natürlich bekommt diese Wärme den Fischen und den anderen Flußlebewesen ganz und gar nicht. Und uns geht der Regen auf den Wecker. Regen, Regen, da kann man sich nur aufregen.

«Wenn dieses Kohlendioxid nicht ausgestoßen würde, aus den Autos, dann hätten wir doch bald wieder einen Zustand wie damals, als wir hierher gezogen sind. Wir sollten alle Leute auffordern, mal eine Woche lang ihre Autos in der Garage stehenzulassen.» Tina hat einen Plan. «Dann würde aus dem Regen wieder Schnee, und wir könnten die Skisachen vom Speicher holen!»

«Eine Woche wird sicher nicht reichen!» enttäusche ich meine Töchter. «Aber wenn sich die Leute tatsächlich was einfallen lassen würden, dann wäre das gar nicht mal so abwegig, dieser Gedanke.»

«Der Skilift wird verkauft, für nur eine Mark!» bemerke ich und spüre das Schweigen meiner Kinder. Ich ärgere mich darüber, daß unser Gemeinderat beschlossen hat, den Skilift in unserem Dorf aufzugeben. Für die symbolische Summe von einer Mark will die Gemeinde ihn verkaufen, weil er nicht mehr genügend einbringt. Noch vor zehn Jahren hat man Tausende damit verdient, da schneite es noch tagelang, und der Schnee blieb liegen. Heute will ihn wohl keiner haben. Oder doch?

«Hasse mal 'ne Mark?» höre ich Anna zu Lisa sagen. Aber ich bin schneller.

«Kristina, Anna und Lisa. Weihnachten ist ja schon vorbei. Aber ich habe noch ein Geschenk, das konnte ich nicht einpacken. Es hat viele grüne Masten, lange Seile, eine Riesenkurbel und an die hundert Plastiksitze. Und wenn ihr wollt, sagen wir allen Leuten, sie sollen so oft wie möglich ihre Autos stehen lassen.»

Ich habe einfach so dahergeredet. Das merke ich plötzlich an den freudigen Blicken der Töchter. Nicht immer überlegt man sich, was man sagt.

«Dann geben wir denen Freikarten!» sagt Anna.

Lisa lacht. «Und den Schnee dazu!»

Venedig vor der Haustür

Mitten im Winter eine Reise zu machen, dorthin, wo das «Land unter» ist und die Menschen sich nur mit Booten oder in Gummianzügen bewegen können, das gelingt uns gleich nach Weihnachten – und die Fahrt dauert nicht länger als 10 Minuten.
Denn der Regen, der vor unserem Fenster seit Tagen in Strömen niederging, der floß bergab in den Bach und dann in unseren Fluß. Der hat dann verrückt gespielt und ist über die Ufer getreten.
«Den Leuten werde ich es mal zeigen!» hat er gesagt und ist in Erwartung weihnachtlicher Reste in die Keller gestiegen, hat die Plätzchen naß gemacht und die Limoflaschen tanzen lassen.
Jetzt werdet ihr sagen, ich schiebe dem Fluß den «Schwarzen Peter» zu. Der kann doch gar nichts dafür, daß er sein Bett verläßt und breiter und breiter wird.
Hätten die Menschen das Klima mit Gasen und Abgasen nicht so aufgeheizt, dann wären die ganzen Wassermassen als Schnee heruntergekommen. Der Schnee wäre nur langsam abgetaut, und nach und nach hätte der Fluß mehr Wasser schlucken müssen, aber nicht soviel wie heute und gestern – alles auf einen Streich.
Über 100 Liter sind innerhalb eines Tages auf einem Quadratmeter niedergeregnet, ihr könnt euch vorstellen, was das für Mengen sind. Und als wir zu Oma und Opa kommen, ins Tal – zum Glück wohnen sie weit genug von dem reißenden Fluß entfernt –, bietet sich uns ein seltener Anblick.
Der Campingplatz, sonst landverbunden, liegt plötzlich auf einer einsamen Insel. Die Leute, die dort Silvester feiern wollten, werden mit Schlauchbooten von der Feuerwehr gerettet. Diese freiwilligen Helfer ziehen die Boote an Seilen und stehen bis zum Bauch im Wasser.
An der Gastwirtschaft schießt der mächtig angewachsene Nebenfluß rauschend am Bierkeller vorbei und bahnt sich – meterbreit – seinen Weg zum Fluß. Immer mehr tritt er über die

Ufer, überschwemmt die vielbefahrene Hauptstraße. Sandsäcke werden aufgestapelt, und dennoch ergießen sich die Fluten unaufhaltsam in viele Keller.

In einer Maschinenfabrik retten Arbeiter, was zu retten ist. «Wir können nur noch pumpen und abwarten!» sagt einer von ihnen, der die ganze Nacht hindurch Sandsäcke gestapelt hat und sich Opa gegenüber äußert. «Jetzt muß ich mal eine heiße Badewanne haben!» Die Gefahr ist noch nicht gebannt. Ein Behälter mit zigtausend Litern Härteöl droht zu kippen. Wenn – dann würde es böse Umweltprobleme geben. Der Katastrophendienst ist rund um die Uhr im Einsatz …

Etwas weiter weg, hinter dem alten Bahnhof, entdecken meine Kinder zwei Ponys auf einer neugeschaffenen Insel. Eine Helferin versucht, sie mit Zuckerstückchen und guten Worten zu bewegen, ans sichere Land zu kommen. Aber sie rühren sich kaum vom Fleck.

Hochwasser vor der Haustür. Das haben wir noch nicht erlebt. Aber, so meint Anna, wenn das dazu führt, daß die Leute bei Hochwasser nicht mehr fahren können, dann wäre doch schon alles in Butter.

Dann ließen die Leute die Autos stehen, das Klima wäre nicht mehr künstlich aufgeheizt, und statt Regen fiele Schnee.

«Dann würden aber Zehnerkarten für den Lift weggehen!» freut sich Lisa.

Info Natur

Niederschläge

Es gibt drei Arten von Niederschlägen, die an ganz bestimmte Wolkenformen gebunden sind:

1. Dauerniederschlag
2. Schauerniederschlag
3. Nieselniederschlag

Die oft anhaltenden Dauerniederschläge, die auch als Landregen bezeichnet werden, sind an mächtige und eine große Fläche einnehmende schichtförmige Wolken gebunden (Nimbostratus). Die Schauerniederschläge, die oftmals nur kurzzeitig andauern, aber sehr intensiv und ergiebig sein können, fallen aus den Cumulonimbuswolken und sind teilweise von Gewittern begleitet. Entsprechend den Niederschlagsformen, die dabei auftreten, unterscheidet man Regen-, Schneeregen-, Graupel- und Hagelschauer.

(Aus: England/ Ulbricht: Flugmeteorologie. 1990. TRANSPRESS)

Wenn zuviel Wasser vom Himmel kommt, gibt es Hochwasser

Am Wattenmeer

Was man mit einem Fahrrad alles erreichen kann... Unser Urlaubsort in den Niederlanden ist recht nah am Wasser. Meine Kinder und ich wundern uns, daß wir die 20 Kilometer bis zum Wattenmeer in so kurzer Zeit geschafft haben. «Pieterburen» steht am Ortsschild, und als wir uns in einer Bäckerei mit frischen Brötchen gekräftigt haben, brechen wir auf, um uns die Seehundstation anzusehen, von der wir in unserer Pension gehört haben. Denn der Bestand an Seehunden im Wattenmeer war bedrohlich gesunken. 1976 zählte man nur 500.

Lenie t'Hart spricht deutsch und führt uns durch die Räume. Es ist hier wie in einer großen Klinik. Wie Operationssäle sehen manche Räume aus. Gekachelt sind sie, und immer wieder werden sie mit Wasser bespritzt.

«Sieh mal, das kleine Seehündchen!» Lisa ist ganz aus dem Häuschen.

Noch vor 30 Jahren, so erfahren wir, wurden im holländischen Wattenmeer jährlich 600 junge Seehunde für die Pelzindustrie geschossen. Ein erlegter Seehund brachte damals eine stattliche Summe Geld für den Jäger ein.

«Am Anfang haben sie die Robben vom Ufer aus erschossen», erinnert sich Lenie t'Hart. «Die Jäger ahmten ihre Laute nach und lockten sie damit an, denn Robben sind neugierige Tiere. Später fuhren sie mit einer Jolle raus, um sie auf den Sandbänken zu erschießen.»

Und auf unsere Fragen meint sie: «Damals war das eine ganz normale Sache. Die Seehunde machten den Fischern ja Konkurrenz. So ein ausgewachsenes Tier frißt immerhin 5 Kilo Fisch.»

Immerhin sei, so hören wir, die Zahl der Tiere wieder auf mittlerweile über 1000 angewachsen. Und da hat unsere Seehundstation eine ganze Menge mit zu tun.

1988 geschah eine große Katastrophe. An den Küsten Norwegens, Dänemarks, Englands, der Niederlande und Deutschlands gab es ein Robbensterben ohne Ende. Eine tödliche Seuche, ausgelöst durch einen Virus, war Grund des Massensterbens. Aber war da nicht auch noch das riesige Müll-Meer?

Die Gefahr für die Nordsee kommt von den Anrainerstaaten. Die Menschen dort nutzen das vergleichsweise junge Meer (es entstand erst vor 8000 Jahren, als die gewaltigen Schmelzwasserflüsse der Nacheiszeit das Land überfluteten) als Klosett und Müllkippe.
Was gelangt in einem Jahr in die Nordsee?

- Viele Millionen Tonnen Klärschlamm, zum Teil hochgradig belastet mit Schwermetallen,
- 2 Millionen Tonnen verdünnte Schwefelsäure,
- 1,5 Millionen Tonnen Stickstoffverbindungen,
- 120 000 Tonnen Öl,
- Zigtausende Tonnen Zink, Blei, Arsen, Quecksilber,
- 100 000 Tonnen Giftstoffe, fast zwei Drittel aus unserem Land, werden Jahr für Jahr auf den Schiffen in der Nordsee verbrannt. Die hochgiftigen Reststoffe schlagen sich über die Atmosphäre im Wasser nieder. Über die Nahrungskette gelangen die Gifte zu uns zurück.

Wir hören von den Aufgaben der Seehundstation Pieterburen. Überlebende Tiere wurden und werden eingefangen, untersucht, gepflegt. Manche Heuler sind gerade erst mal wenige Stunden alt und haben nicht einmal bei der Mutter gesaugt. Wie die Seehunde ins «Krankenhaus» kommen, wollen wir wissen.
Lenie antwortet gerne auf unsere Frage. «Entlang der gesamten Küste arbeiten speziell ausgebildete Helfer, die die Seehunde aufspüren. Sie bringen die hilflosen Tiere in die Auffangzentren Frankreichs, Deutschlands und natürlich der Niederlande. Manchmal, in besonders dringenden Fällen, werden die Tiere auch mit Militärhubschraubern von den Wattinseln zu uns geflogen!»
Und dann erleben wir eine Fütterung mit. Ein sehr kleiner Seehund bekommt regelrecht eine Babypulle. Draußen, im großen Freibassin, spritzt es nur so, als die Fische fliegen.

Trotzdem ist so eine Station nur ein Tropfen auf den heißen Stein, meint Lenie. «Die Erfahrung hat gezeigt, daß die Seehunde, die von unserer Aufzuchtstation zurück ins Meer gebracht worden sind, ausgezeichnete Überlebenschancen im Wattenmeer haben. Aber es ist nach wie vor nur eine Bekämpfung der Symptome, solange die natürliche Umwelt der Seehunde so stark bedroht ist. Wirtschaft und Politik sind für das Leben der Seehunde im Wattenmeer entscheidend.»

Unser Besuch bei den Seehunden hat uns doch eine Menge Probleme gezeigt. Ich hatte bis dahin – ehrlich – immer den Eindruck, daß gerade die Tiere im Watt noch richtig gut leben würden.

Watt für ein Irrtum!

Ein paar Notizen zu den Seehunden:

- Die natürlichen Feinde des Seehundes, wie Eisbär und Schwertwal, kommen im Wattenmeer nicht vor. Sein größter Feind ist der Mensch. Er stört die Ruhe, zerstört die Umwelt, er jagt die Tiere.
- Die Jungen werden in der Zeit von Juni bis Juli auf Sandbänken geboren. Die Säugezeit beträgt 4 Wochen. Das Seehundbaby kann sofort schwimmen.
- Heuler sind junge Seehunde, die von der Mutter getrennt wurden. Ohne menschliche Hilfe gehen sie ein.
- Ein Seehund hat nahezu zweimal soviel Blut wie ein Mensch mit dem gleichen Gewicht.
- Ein Seehund bleibt gewöhnlich fünf bis sechs Minuten unter Wasser, bis er wieder Luft holt. Der Rekord aber steht bei 40 Minuten.
- Die Schwimmgeschwindigkeit liegt bei etwa fünf, sechs Kilometer in der Stunde bei langen Reisen und bei 35 Kilometer / h bei der Jagd.
- Seehunde fressen drei bis fünf Kilogramm Fisch pro Tag.

Aberglaube oder Wahrheit?

Um den Regen binnen weniger Tage herbeizurufen, fing man eine Schlange und hängte sie mit dem Kopf nach unten auf. Oder man übergoß nach festgelegtem Zeremoniell Menschen und Tiere mit Wasser.

Wenn man zahlreiche Mückenschwärme sichtete oder die Elstern viel sangen, erwartete man baldigen Regen.

Auch war der Regen nah, wenn die Schwalben tief flogen oder das Holz beim Feuermachen nicht anbrennen wollte.

Regnete es an Ostern, Pfingsten oder Siebenschläfer, sollte das Wetter wochenlang so bleiben.

Regenwasser trank man gegen Ruhr oder gab es Kindern, damit sie schneller sprechen lernten.

Zu Pulver zerstoßene Regenwürmer mischte man ins Schießpulver, um höhere Treffsicherheit zu beschwören.

(Aus: Christian Wehr: Wörterbuch des Aberglaubens. München 1992. Heyne-Sachbuch)

Luft

War das ein schöner Tag! Die Sonne schien, der Himmel war wolkenlos und der Wanderweg toll. Es machte richtig Spaß zu atmen. Eine Super-Luft auf dem hohen Waldweg.

«Luft besteht ja auch aus soundsoviel Prozent Sauerstoff!» Genau wußte ich das nicht mehr, und meine Frau schüttelte den Kopf.

Als ich mich am Abend in den Sessel flegele und mir ein Lexikon nehme, um unter *Luft* nachzuschauen, hole ich erst einmal tief Luft. Ich tanke Luft. Auch das Wort *Lufttanken* steht im Lexikon. Aber mit einer ganz anderen Bedeutung.

«*Lufttanken*, das Auftanken eines Flugzeugs in der Luft beim Flug.

Das Tankerflugzeug führt einen Schlauch in das zu betankende Flugzeug, das sich über einen Trichter automatisch ankoppelt.»

Und warum wird das gemacht? Hat der Pilot das Tanken vergessen?

Ich erfahre die Antwort. In der Luft liegt die Tragfähigkeit eines Flugzeugs etwa 10 Prozent bis 20 Prozent höher als beim Start. Man kann also mehr Flugbenzin einfüllen.

Und warum dies alles?

Ich möchte in die Luft gehen.

Um noch mehr Flugbenzin, noch mehr umweltschädliches Kerosin tanken zu können, wird ein zweites Flugzeug in die Luft geschickt. Das braucht wiederum dieses Leichtbenzin. Aber für uns auf der Erde wird das dann ganz schön schwer.

Ich habe nachgedacht, und mir fällt ein, daß man Luft ja eigentlich gar nicht so spürt. Nur wenn sie einem wegbleibt. Wie Fische an Land schnappen wir Luft, wenn uns etwas ganz plötzlich bewegt, erschreckt, aufregt. Wie die Sache mit dem Lufttanken zum Beispiel.

Luft ist der Urstoff des Lebens. So sahen es die alten Griechen. Anaximenes (6. Jh. v. Chr.) z. B. glaubte, daß die Luft eine den ganzen Kosmos einende Substanz sei, die sich durch Zusammenpressen auch in Wasser und Erde umwandeln ließe.

Heute wissen wir es besser. Unsere atmosphärische Luft besteht zu 21 Prozent aus Sauerstoff, zu 77 Prozent aus Stickstoff, zu einem Prozent aus Wasserdampf, und das restliche Prozent nimmt das Kohlendioxid ein, zusammen mit winzigen Mengen Edel- und Spurengasen.

Erste Erkenntnisse über die Luft als Stoff und als «Körper» gewann Galileo Galilei im 16. Jahrhundert durch die Entdeckung des Luftwiderstandes. Sein Schüler Evangelista Torricelli bemaß den Luftdruck mit einer Quecksilbersäule, und damit war das erste Barometer erfunden. Der Schluß des Erfinders: «Wir leben in einem Meer aus elementarer Luft!»

Die Lebenssubstanz, der in der Luft enthaltene Sauerstoff, macht «leicht und frei». Tatsächlich ist ohne Sauerstoff kein Leben denkbar. Das Leben selbst hat sich eine ihm angenehme Atmosphäre geschaffen, die dabei über Milliarden von Jahren konstant geblieben ist. Heute aber sind wir dabei, mit künstlich erzeugten Treibhausgasen diesen Zustand zu bedrohen. Zum einen wird die schützende Ozonschicht «zerfressen», zum anderen lagert das Atemgift Ozon in Bodennähe und reizt bei hohen Konzentrationen Augen und Schleimhäute, macht uns «Kopfschmerzen». Umdenken tut not. Handeln noch mehr.

Wie ein Kartenhaus kann irgendwann das sich bisher selber ordnende Klimasystem zusammenbrechen. Das sollten wir wissen, wenn wir täglich die Luft vergiften. Die Luft, die wir atmen.

Wettflug

Beim Schulfest legte sich Simone mit Tina an. «Sieh mal, mein Luftballon steigt viel höher als deiner. Viel höher!»
Tina war auch nicht auf den Mund gefallen.
«Wer gewinnt, das hat gar nichts mit der Höhe zu tun. Nur mit der Weite.»
Aber Simone meinte beharrlich: «Wenn ein Luftballon höher fliegt, dann fliegt er auch weiter!»
«Wollen wir doch mal sehen!» sagte daraufhin Tina und schmollte ein wenig.
Der blaue Luftballon von Simone war prall mit Treibgas aufgeblasen, der rote Ballon von Tina machte nicht so viel Aufhebens. Auf der Erde stritten sich die beiden Freundinnen. Und in der Luft waren sich die Ballons nicht grün.
«Wie weit willst du eigentlich kommen?» spottete der blaue Ballon. «Du hättest dir schon ein bißchen mehr Gas geben lassen müssen.»
Der rote Ballon mußte schon mächtig schreien, um seinen Konkurrenten, der weit über ihm flog, zu erreichen.
«Es kommt nicht darauf an, wieviel Luft man drinnen hat. Es kommt darauf an, wie sich die Luft bewegt, zum Wind!»
«Was macht wohl der Wind, wenn er gerade mal nicht weht?» spottete der blaue Ballon. «Er läßt dich einfach auf der Stelle flattern!» Am Himmel hörte man sein schallendes Lachen. Danach hatten sich die beiden Flugkörper nichts mehr zu sagen. Zu weit waren sie auseinander.
Von den fliegenden Hüllen war auch ein Vogel angetan, der am Himmel seine Bahnen zog. Er hatte Respekt vor diesen «seltsamen Vögeln» und näherte sich dennoch dem blauen Ballon, der ihm am nächsten war. Näher, immer näher kam der Vogel. Auf die Frage des gefiederten Gefährten, wer er denn sei, antwortete der Ballon nicht. Er war in Gedanken schon weit, weit weg und wähnte sich bereits am Ziel. Der Vogel aber stupste den Ballon nachhaltig mit seinem Schnabel an. Immer wieder. Immer wie-

der. Der Ballon platzte, und die Luft entströmte fast mit einem Schlag. Der Vogel erschrak.
Langsam trudelte die Luftballonhülle nach unten. Das Zettelchen mit dem Namen und der Adresse machte jede Trudelbewegung mit. Der rote Ballon war Zeuge des Absturzes und sagte zu sich: «Wenn man den Mund zu voll nimmt, dann kann man sein blaues Wunder erleben!» Er war sichtlich froh, daß ihn die zunehmenden heftigen Windstöße immer weiter vorwärts trieben.
Dann überlegte er, wie sich doch sein Weggefährte so rasch verändert hatte.
«Erst war die Luft drinnen, dann war sie draußen!» – Nach einem kurzen Flug kam ihm der Gedanke, daß man die richtige Menge Luft haben muß, um weiterzukommen. Luft, die einen trägt, also die Luft innen, und die Luft außen, die vorwärtstreibt.
Auch dem roten Ballon kam der neugierige Vogel entgegen.

Mit Windkraft geht es hier im Freizeitpark rund

Aber als er seinen Schnabel an die Hülle des Ballons führte, gab die elastische Haut nach.

Der Ballon trudelte zwar ein wenig und veränderte für kurze Zeit seine Richtung, aber er platzte nicht.

Wenig später bekam Tina Post von einem Bauern, weit weg, in Bayern. Er hatte die Hülle auf dem Acker gefunden.

Simone aber ärgerte sich, als ihr großer Bruder vom Fußballspiel nach Hause kam und schallend loslachte. «Guck mal, was bei uns auf dem Sportplatz lag!» Ihr blieb fast die Luft weg. Sie würde den Hauptpreis nicht bekommen: eine Fahrt mit dem Heißluftballon.

Beim Ballonwettbewerb hat Tina den großen Preis erhalten. Sie darf mit einem Heißluftballon in die Lüfte steigen. Ein bißchen Bammel hat sie schon davor, aber irgendwie würde das alles schon klappen.
Ihre beiden jüngeren Schwestern sind natürlich ganz schön neidisch und können nur damit getröstet werden, daß sie am Tag der Ballonfahrt auch etwas Besonderes machen dürfen. Sie entscheiden sich, einen Vogelpark zu besuchen.
Zu den gefiederten Freunden hatten sie ein besonderes Verhältnis. Sind doch erst letzte Woche ihre beiden Sittiche Max und Moritz gestorben. Die Papageienkrankheit war es nicht, hat der Tierarzt gesagt. Wahrscheinlich waren Bakterien im Futter.
Als ein freundlicher Mann die Mädchen an der Kasse begrüßt, wollen sie gleich alles über die gefiederten Tiere wissen. Gerade Anna interessiert es, ob Vögel oft krank werden. Dr. Schmidt, der Leiter des Parks, schüttelt den Kopf.
«Vögel erkranken erfreulicherweise gar nicht so oft. Denn sie werden eigentlich mit den Krankheiten besser fertig als andere Tiere. Dummerweise», schränkt er ein, «gibt es aber Krankheiten, die bei Vögeln schnell voranschreiten. Das habt ihr ja wohl bei euren Wellensittichen gemerkt. Die waren ganz schnell tot. Hier im Vogelpark ist das so, daß wir für alle Tiere – obwohl es so viele Vögel sind – sehr viel Platz haben. Die wohnen nicht alle zusammen in einem Haus, sondern der eine wohnt in dem Käfig da und der andere dort. Das ist eine gute Voraussetzung, daß die Vögel nicht so häufig krank werden.»
«Und was sind die größten Gefahren für Vögel?» will Lisa wissen.
«Vögel sind ziemlich gefährdet, weil es für sie viele Möglichkeiten gibt zu verunglücken. Ein Tier, das fliegt, ist mehr Gefahren ausgesetzt als ein Tier, das nicht fliegt. Und dann haben Vögel auch Feinde – Tiere, die sich von Vögeln ernähren. Diesen Tieren müssen sie entkommen, und wenn das nicht klappt, dann

ist es eben geschehen. Es ist einfach ein Unglück, wenn ein Huhn von einem Habicht oder eine Gans von einem Fuchs gefressen wird.»

Anna hakt nach. «Warum leben dann die Vögel in einem Park und nicht in Freiheit?»

«Ja», lacht Dr. Schmidt, «auch wenn das ein Park ist, die Vögel leben trotzdem in Freiheit. Wir lassen den Vögeln ja ihren Lebensraum Luft. Wo immer es geht, sollen sie fliegen können. Ihr habt ja sicher schon die einzelnen Volieren gesehen, das sind die Häuser – ein unschönes Wort –, in denen die Vögel leben. Diese Volieren lassen sehr viel Lebensraum zu. Und dann gibt es noch die Freiflughalle, da haben die Vögel zehntausend Kubikmeter Luftraum, da kann auch eine ganze Schar von Kuhreihern fliegen.»

An einer Voliere macht Dr. Schmidt halt. «Hallo, Hänschen!» ruft er einem Nymphensittich zu.

«Kennen Sie denn alle Ihre Tiere», fragt Lisa, «können Sie die unterscheiden?»

«O ja, ich kenne fast jeden Vogel persönlich. Oder sagen wir mal: einen großen Teil der Vögel kenne ich persönlich. Ich merke sofort, wenn einer fehlt!»

«Das Geschnatter kommt bestimmt von einer Gans!» behauptet Anna. Und Dr. Schmidt macht eine seltsame Andeutung:

«Bei der Tiersprache ist das so: Sprechende Vögel, also solche, die wie ein Mensch sprechen, die wollen eigentlich nur aussagen, daß sie dasselbe sagen wie wir. Sie halten sich nämlich für Menschen und wollen auch dieselben Töne von sich geben wie Menschen.

Und dann gibt es noch die Tiersprache, mit der uns die Tiere etwas sagen wollen. Ich weiß zum Beispiel, wenn ich auf die Gänsewiese gehe, ob der Ganter – eine männliche Gans – gerade böse oder freundlich ist zu einem Weibchen, ob die Gans dort gerade fürsorglich zu ihren Jungen ist oder grantig.»

Während die beiden Schwestern von dem freundlich aufgelegten Herrn Schmidt vieles über die Welt der Vögel erfahren, ist Tina selber zu einem Vogel geworden. Annähernd.

«Da unten», stellt sie fest, «da im Vogelpark, da sind jetzt Anna und Lisa. Was die wohl sehen? Ob die mich sehen? Ob ich mal runter spucken soll?»

«Da oben», bemerkt Anna, «ist ein Heißluftballon. Haben Vögel eigentlich Angst vor so einem Ballon?»

«Nein», hört sie vom Leiter des Vogelparks, «das haben sie nicht. Sie weichen ihm zwar aus, aber Angst haben sie wohl nicht, weil er ja nicht so aussieht wie ein Tier, was die Vögel in der Luft bedrohen könnte. Diese Raubvögel haben spitze Flügel

Ausflug in den Vogelpark

und einen Schwanz und einen ganz nah am Körper gelegenen Kopf. In der Luft fühlen sich die Vögel sehr sicher, da kann ihnen kaum jemand etwas tun, das ist ja ihr Element ...»
Bedrohlicher, so erfahren die Kinder, sind da schon die Gleitdrachen, weil sie Raubvögeln ähnlicher sind.
Für die Menschen allerdings ist ein Heißluftballon viel sicherer als ein Gleitdrachen. Das weiß auch Tina, und sie fühlt sich wohl. Frau Schneider, die den Ballon *fährt* – es heißt nicht fliegen –, hat die Gasflamme wieder größer gestellt. Heiße Luft schießt in die riesige Ballonhaut, und das macht den Ballon leichter, denn heiße Luft ist leichter als kalte Luft. Bald schon geht es weit über die Baumwipfel hinweg, und eine Trinkwassertalsperre hat ihre Arme unter ihnen ausgebreitet. Nicht weit davon, auf den Höhen, liegt der Vogelpark.
«Paßt mal auf!» sagt plötzlich Dr. Schmidt zu Anna und Lisa. «Hier haben wir ein schönes Beispiel für die Tiersprache. Hört mal da, die Küken, die sagen: ‹Wir sind hier, wo bist du?› Und die Henne antwortet mit dem Gleichen, aber das hört sich ganz anders an. Denn bei der Mutter ist noch etwas Warnung dabei, wir stehen ja so dicht dabei. Die Mutter warnt ihre Küken und sagt ihnen, daß sie sich nicht so weit entfernen sollen, denn das könnte gefährlich werden, weil da so große Menschen stehen.»
Das Glanzstück des Vogelparks ist ein sprechender Beo. Dr. Schmidt hebt den Besuch bei ihm für den Schluß auf. «Ich habe ihn von einer Frau», sagt er, «und die hat ihm was Unanständiges beigebracht!»
«Beo!» ruft Dr. Schmidt. «Beo!» Erst antwortet der grüne Beo ebenfalls mit «Beo», dann aber nimmt er ein Wort in den Mund, das ich hier nicht schreiben möchte. «Sch...!»
Aber alles ist viel harmloser. «Die Vorbesitzerin», sagt der sachkundige Führer, «die hat ihm mal, als er in der Stube etwas umgeworfen hat, gesagt:
‹Was hast du da wieder für einen Scheiß gemacht?›, und das hat sich der Beo gemerkt.»
Am Ausgang des Vogelparks schauen Anna und Lisa in die Luft. «Tina muß jetzt bald runterkommen, weil es anfängt zu regnen. Ich habe schon», sagt Lisa, «einen Tropfen abbekommen!»

Das Lied von der Luft

Text: Harry Böseke
Melodie: Ulrich Türk

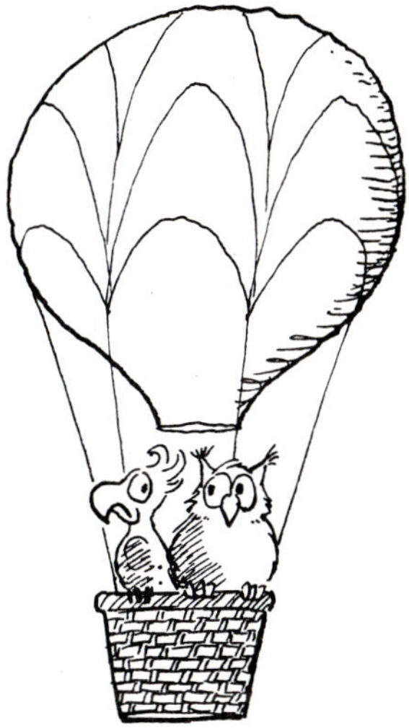

Refrain: Vögel können segeln,
Segelflieger flegeln,
und auch ein Ballon
schwebt ganz leis davon.

Hörst du still der Eule zu,
oder auch dem Kakadu,
so erzählen sie dir dann,
wie man fliegen lernen kann.

Ein Ballon mit heißer Luft,
ist für Vögel nie ein Schuft,
schwebt nur so – bedroht sie nicht,
daß kein Vogel ihn mal sticht.

Refrain

Was der Papagei dir sagt,
kommt meist nur, wenn du ihn fragst;
so wie du, so will er sein.
«Bleib doch Mensch, ach, bleib doch klein.»

Oben, frei am Himmel schwebt,
ein Ballon, der sich erhebt.
Wie die Vögel woll'n wir sein,
in der Luft, ganz hoch und frei.

Refrain

Vogel und Ballon
schweben leis davon.
Für beide ist doch Platz,
in der Luft, dem großen Schatz.

Das Lied von der Luft

Cmaj7 D7 D11 D G Am7
ler – nen kann. Ein Bal - lon – mit
G Am7 G Am7 Cmaj7 D7
hei- ßer Luft, ist für Vö – gel nie – ein Schuft,
G Am7 G Am7 G Am7
schwebt nur so, – be- droht sie nicht, – daß kein Vo – gel
Coda
Cmaj7 D7 Cmaj7
ihn – mal sticht. Vo - gel und Bal - lon
Hm11 B♭maj7
schweben leis da - von. Für bei- de ist doch Platz,
Dm A9 Dmaj7
in der Luft, dem gro - ßen Schatz.

Die Philosophen und Forscher holen Luft

Die alten Griechen betrachteten *Luft* als den Urstoff des Lebens. Ein Naturphilosoph, der sich sehr auf das Beobachten verließ, war Anaximedes. Er lebte im sechsten Jahrhundert vor Christi Geburt.

Hatte er Eis zu Wasser geschmolzen und anschließend den Wasserdampf aufsteigen sehen? Denn er vertrat in der Umkehrung die Annahme, daß Luft sich durch Zusammenpressen in Wasser und dann in Erde verwandeln ließe.

Das konnte er allerdings nicht nachweisen, weil ihm die große Presse fehlte.

Hundert Jahre später sagte Empedokles: «Alle Dinge bestehen aus den Grundelementen Luft, Wasser, Erde und Feuer.» Auch der bekannte Denker Aristoteles nahm dieses an. Ein fünftes Element fügte er in Gedanken noch hinzu: Äther, der das Himmelsgewölbe bildet.

Galilei und Torricelli kamen der Sache schon näher. Sinngemäß hieß es: «Luft ist meßbar. Man kann mit ihr rechnen.» Und Torricelli machte etwas, was ihn wohl selbst verblüffte.

Er füllte ein einseitig geschlossenes Glasrohr mit Quecksilber. Nun stellte er es mit der Öffnung nach unten in eine Schale, die ebenfalls mit Quecksilber (einem flüssigen Metall) gefüllt war. Ein Teil des Metalls floß in die Schale. Jedoch blieb in der Röhre von einem Meter Länge die Säule genau bei 760 Millimeter stehen. Noch heute orientieren wir uns an seiner Entdeckung: immer dann, wenn wir auf das Barometer schauen.

Also mußte etwas in der Luft sein, was eine Masse hatte. Auch wenn man sie nicht sehen konnte. Tiere verendeten, sperrte man sie in einem luftdicht verschlossenen Raum ein. Die Luft, die man nicht kannte, war also eine Lebenssubstanz.

Ein Schotte war nicht sparsam mit seinen Versuchen: Joseph Black stellte 1753 fest, daß ein Kalkstein, wenn er mit Säure übergossen wird, etwas «Gasförmiges» absondert. Er konnte nachweisen, daß diese «gebundene Luft» auch in der ausgeat-

meten Luft zu finden ist und – na bitte! – auch im Bier. Black hatte das Kohlendioxid entdeckt.
Was ist Luft? Unabhängig voneinander stellten der Engländer Joseph Priestley und der Schwede Carl Wilhelm Scheele fest, daß Quecksilber beim Verbrennen an der Luft von einer roten Kruste überzogen wurde. Die so gebildete Kruste konnte man stark erhitzen, und da wandelte sich scheinbar die Verbrennung zurück. Es bildete sich wieder metallisches Quecksilber, und dabei entwich ein Gas. Man fühlte sich von diesem Stoff «leicht und frei». Was war entdeckt worden? Der Sauerstoff. Dieser Lebenssubstanz in der Luft gab der Franzose Antoine Lavoisier den Namen *Oxygenium* – Säurebildner. Denn Lavoisier glaubte, Sauerstoff sei in allen Säuren enthalten. So kam dieses Element zu einem falschen Namen.
Atemstoff sollte es besser heißen. Oder Lebensstoff. Aber daß Sauerstoff Sauerstoff heißt, das macht wohl nur mich sauer. Nicht aber die Philosophen und Forscher.

Lauter Luft

Redensarten zum Thema Luft:

«Aus der Luft gegriffen.» (Redensart für: Erlogen)

«Dicke Luft.» (Redensart für: Gereizte Stimmung oder drohende Gefahr)

«Etwas liegt in der Luft.» (Redensart für: Es steht etwas bevor)

«Von Luft und Liebe leben.» (Redensart)

«Luftschlösser bauen.»
(Redensart für: Unausführbare Phantasiegebilde entwerfen)

«Jemanden an die frische Luft befördern.»
(Redensart für: Jemanden rauswerfen)

Zitate:

«Die linden Lüfte sind erwacht.» (Ludwig Uhland, Frühlingsglauben)

«O welche Lust, in freier Luft den Atem leicht zu heben»
(aus: «Fidelio», Oper von Ludwig van Beethoven)

Vorgestellt: der Kohlweißling

Viele unserer Tagfalter – dazu gehören Zitronenfalter und Kohlweißling – gehören zur umfangreichen Schmetterlingfamilie der Weißlinge. Das hat mit der hellen Grundfarbe dieser Falter zu tun.
Der Große Kohlweißling taucht in ganz Mitteleuropa auf. Im offenen Gelände, an Böschungen und Wegrändern, besonders aber auf Äckern und in Gärten ist er oft zu entdecken. Der Kleine Kohlweißling dagegen bevorzugt das offene Gelände. Wiesen und Äcker, Weg- und Waldränder.
Tagfalter sind, wie schon der Name sagt, überwiegend tagsüber aktiv. Der Begriff «Falter» leitet sich vom Zusammenklappen der Flügel beim Sitzen ab, wobei die Tagfalter die Flügel senkrecht über dem Körper zusammenlegen, während die Nachtfalter die Flügel flach übereinander falten.
Die meiste Nahrung holt sich der Schmetterling aus dem Nektar der Blüten. Den nehmen sie mit ihrem langen Saugrüssel auf, der bis 16 Millimeter mißt. So kann der Falter Nektar auch aus tiefen Blütenröhren schlürfen.
Dabei bestäuben Schmetterlinge auch solche Blüten, die von Bienen nicht aufgesucht werden.
Viele Tagfalter führen vor der Paarung regelrechte Balzflüge durch. Schon bald nach der Paarung beginnt das Weibchen die Eiablage. Der Kohlweißling klebt mit einem Sekret (einer körpereigenen Flüssigkeit) seine Eier in «Packungen» von etwa 50 Stück an Pflanzen. So sind sie geschützt.
Nach etwa 10 Tagen schlüpfen die kleinen Raupen. Diese wachsen schnell. Der Raupenkopf ist mit besonders kräftigen Oberkiefern ausgestattet. Der walzenförmige Körper der Raupe ist in 13 Ringe gegliedert.
Die Oberhaut der Raupe besteht aus Chitin, einer harten Masse, die nicht so dehnbar ist und deshalb durch Häutungen immer wieder neu ersetzt werden muß.
Die Raupen vieler Schmetterlinge können sich nur von einer

ganz bestimmten Futterpflanze ernähren. Wenn diese Futterpflanze aber in einem Gebiet verschwindet, kommen auch die Schmetterlinge dort nicht mehr vor.

Die Raupen der Weißlinge fressen gerne Wiesenschaumkraut, Gänsekresse oder Kohl. Sie folgen der «Kultur», d. h. den von Menschen bestellten Gärten und Äckern.

Vier Wochen lang ist der Kohlweißling eine Raupe. Dann macht sich diese auf die Suche nach einer geeigneten Stelle zur Verpuppung. Fast senkrecht befestigen sich die Raupen mit einem dünnen – aus dem Körper stammenden – Seidenfaden an einer Unterlage (z. B. einem Halm).

Die Umwandlung geschieht mit Vorzeichen: Bald lassen sich an der «Puppe» schon Merkmale des späteren Schmetterlings erkennen. Die Puppenhülle wird vom Falter gesprengt. Dann schlüpft der Schmetterling ...

Am Kopf befinden sich auch zwei große Augen. An den Fühlern sind Tast- und Geruchssinn angesiedelt. Der Rüssel wird zur Nektaraufnahme ausgerollt. Für die großen Flügel befinden sich kräftige Flugmuskeln im Brustteil. Sie dienen dem Anklammern bei der Nahrungsaufnahme, beim Eierlegen und beim Übernachten.

Vögel, Kröten, Mäuse und Igel könnten dem Kohlweißling schaden. Doch nein: durch die Nahrung hat er Schutzstoffe entwickelt. Nur die Kohlraupen-Schlupfwespe befällt schon die junge Raupe auf dem Kohlblatt. Mit ihrem langen Legestachel befördert diese Wespe ihre Eier in den weichen Raupenleib. Die aus den Eiern schlüpfenden Larven der Wespe leben wie in einer Speisekammer: Sie fressen als Parasiten die Raupen bei lebendigem Leibe auf.

Neben diesem Hauptfeind muß man noch den Menschen zu den «Feinden» rechnen. Die Zerstörung der Lebensräume stellt eine immer größere Bedrohung für die Schmetterlinge dar. Dabei muß besonders genannt werden: Einseitigkeit der Landwirtschaft (Monokultur) und der Einsatz von Unkrautvernichtungsmitteln. So werden die Futterpflanzen des Kohlweißlings vernichtet.

Was könnt ihr für den Kohlweißling tun?

Aufgabe

1. Aufstellen einer Faltertränke

An heißen Sommertagen benötigen auch Schmetterlinge viel Flüssigkeit, um nicht zu verdursten. Im Halbschatten kann eine kleine Schale mit Wasser aufgestellt werden.

2. Anlegen einer Blumenwiese

Wir können im Garten ein Stück Land als Wildwiese der Natur überlassen. Dazu muß man den Rasen (ohne zu düngen!) lange wachsen lassen. Erst wenn der Rasen 25 Zentimeter hoch steht, wird zum ersten Mal gemäht. Die Natur regelt ihren Bewuchs selber. Und sicher könnt ihr dann auch Falter beobachten.

3. Die wilde Gartenhecke

Die Brennessel ist für viele Schmetterlinge eine wichtige Raupenfutterpflanze. In einer «wilden» Gartenhecke, wo die Natur sich selbst überlassen bleibt, kann auch die feurige Nessel ungestört wachsen.

(Anregung aus: Erlebter Frühling: Themenheft Kohlweißling. Naturschutzjugend im Naturschutzbund Deutschland, Königsträßle 74, 70597 Stuttgart)

FCKW und Ozon

Vier Buchstaben, die die Welt verändern ...

Diese vier Buchstaben kennt jedes Kind. F und C und K und W. Kein Fußballklub versteckt sich dahinter, sondern ein Gift, das die lebenswichtige Ozonschicht angreift. So spricht man heute schon von riesigen Ozonlöchern über den Polen unserer Erde. Seit 1930 etwa wurde dieser «Fluorchlorkohlenwasserstoff» (*F*luor-*C*hlor-*K*ohlen-*W*asserstoff – deshalb FCKW) besonders gerne bei der Herstellung von Kühlschränken, Klimaanlagen und Spraydosen verwendet. Erst dachte man, diese Chemikalie reagiere nicht mit anderen Elementen. Man besaß damals noch nicht die Erkenntnis, daß die Schicht aus Ozon – die uns vor gefährlichen Strahlen aus dem Weltall schützt – durch diese Verbindung angegriffen wird.

Noch können wir Luftsprünge machen ...

Selbst wenn schon morgen die Herstellung dieser Verbindung absolut verboten werden würde, der Ozonabbau verschlimmert sich durch das schon bestehende Chaos in der Luft für mindestens 20 Jahre.
So lange brauchen die Fluorkohlenwasserstoffe, um die schwer zu durchdringende Wettergrenze zwischen den höher liegenden Luftschichten zu überwinden. Schon kleinste Mengen sind katastrophal: FCKW wirkt wie ein Verstärker. Allein die reine Anwesenheit reicht aus, um die schädliche Reaktion voranzutreiben.

Obwohl – obschon – immer wieder Ozon

So wie uns das Ozon aus chemischer Sicht in der Luft und in der Höhe schützt, so hat es auf dem Boden die genau umgekehrte, nämlich eine zerstörerische Wirkung.
Dort, wo viel Verkehr rollt (oder man im Stau steht), werden

Beim Singen und Spielen …

immer hohe Ozonkonzentrationen gemessen. Und weil Ozon ein Atemgift ist, reizt es Augen-, Nasen- und Mundschleimhäute. Kopfschmerzen sind eine Folge. Ozon entsteht auf dem Boden aus den in Autoabgasen enthaltenen Stickoxiden, die durch Sonnenlicht zersetzt werden. Erreicht es beim Aufsteigen die Wettergrenze, dann zerfällt es. So kann es nicht das Ozonloch am Himmel *flicken.* Wir Menschen müssen also mit diesem Ozon leben – oder unser Verhalten grundsätzlich ändern. Grundsätzlich heißt: *Vom Grunde auf.* Da helfen keine kosmetischen Eingriffe nach dem Motto: Etwas weniger ist weniger schlimm. Denn es gibt noch ein weiteres Übel: Durch die Auto- und Industrieabgase erwärmt sich die Erdatmosphäre. Wenn wir so weitermachen, warnen die Forscher, dann steigt die Temperatur auf der Erde. Man spricht von einem Treibhausklima. Und wer schon einmal im Treibhaus war, weiß, wie sich das anfühlt. Das Atmen wird schwerer, und vieles erscheint unangenehm. Wenn man dann noch bedenkt, daß durch die erhöhte Temperatur das Eis an den Polen unserer Erde schmilzt, dann

… über die Elemente viel lernen

muß man wirklich von einer *Gruselstory* sprechen. Denn das Wasser des geschmolzenen Eises muß ja irgendwohin. Hochwasser und Überflutungen sind die Folge.
Hannover an der Leine könnte dann eine Hafenstadt sein. Welch eine Vorstellung. Der Kölner Dom wäre wegen Hochwasser geschlossen. Der Hamburger SV könnte nicht mehr im Volkspark-Stadion spielen, weil der Rasen überflutet wäre, und Dresden würde vielleicht ein weiteres Mal vernichtet.
Dies alles werden wir hoffentlich nicht erleben. «Wir haben die Welt nur von unseren Kindern geliehen!» heißt ein Spruch zum Nachdenken. Geben wir uns eine Welt, in der es Spaß macht zu leben. Anstatt daß wir neue hohe Dämme bauen, sollten wir durch unser Verhalten dazu beitragen, den Schaden an dieser unserer Erde, dem Wasser, der Luft einzudämmen.

Und was könnt ihr tun?

- Autos nur fahren lassen, wenn es wirklich nötig ist!
- Überlegen, ob nicht auch Busse die Strecke fahren – oder Züge!
- Energie nicht verschleudern – darauf achten, daß man nur das nimmt, was wirklich gebraucht wird!
- Die Erde, das Wasser und die Luft mit dem Wissen behandeln, daß wir keine zweite Erde im Vorratsschrank haben!

Gespräch

Ozon sprach zu Herrn Luftikus:
«Wann ist mit dieser Erde Schluß?»
Herr Luftikus sprach zum Ozon:
«Ich denk, in hundert Jahren schon!»

«So lange halt ich es nicht aus!»
Ozon schaut auf das Riesenloch.
«Ist doch egal, mach dir nichts draus!»
Herr Luftikus, der lachte noch.

Dann fehlt ihm plötzlich Atemluft:
«Verdeckt, ich kann schon lang nicht mehr!»
«Und wer fragt mich – wer ist der Schuft?»
fragt das Ozon und wackelt sehr.

Da plötzlich fallen beide um,
man hört ein leises Raunen,
die Menschheit steht dabei und hört
nicht auf mit ihrem Staunen.

«Warum?» – «Weshalb?» so hört man sie –
ganz laut ist auch ihr Klagen.
«Wenn es schon fünf vor zwölfe ist,
dann muß man uns das sagen!»

Ozon erhebt sich ganz verstört,
und Luftikus wird laut:
«Wann habt ihr denn mal zugehört –
und richtig hingeschaut?»

«Ihr hattet nur mit euch zu tun,
der Nachbar sollt beginnen.
Und jetzt seid ihr erschrocken gar,
wenn wir mal kräftig spinnen!»

«Spinnt selber. Denkt euch etwas aus!»
(Man hört die beiden kichern.)
«Ihr könnt zwar euer Hab und Gut,
auch Autos gut versichern!»

«Doch einer Welt, die ihr zerstört,
hilft keine fremde Heilung.
Da müßt ihr selber was für tun:
Ab heute heißt's: Beeilung!»

Immer dieser Nebel…
Eine Mitspielgeschichte

«Immer dieser Nebel…!» stöhnte Paule, als er im Rheintal bei Linz auf den breiten Fluß schaute. Zusammen mit seinem Freund Max war er unterwegs, um die Schiffe zu beobachten, die schwer beladen im Wasser lagen und sich nur mühsam voranbewegten. Rheinaufwärts dagegen eilten die Frachtschiffe vorbei – ohne Ladung.

«Dann dreh ihn doch einfach um!» sagte Max plötzlich. Ihm war eingefallen, daß man NEBEL umgekehrt als LEBEN lesen konnte.

Paule und Max setzten sich auf die großen Steine am Ufer. «Das ist *die* Idee!» meinte Paule und warf mit geschickter Hand flache Steine über das Wasser. Sie titschten zwei-, drei-, viermal auf und versanken dann etwa in der Mitte des breiten Stromes.

«Nebel einfach umdrehen…!» sagte Paule zu sich. «Weißt du eigentlich, was eine LEBEN-SSULHCS-ETHCUEL ist?»

«Hast Du einen Sprachfehler?» meinte Max da. Aber dann wiederholte Paule die Worte, und Max sagte: «Ist doch klar: NEBELSCHLUSS-LEUCHTE! Und die haben wohl auch die Rheindampfer auf dem Wasser.»

Von nun an machten die beiden sich ein Spiel daraus, alles umzudrehen. Zwar wurde aus einer Fahrt zu Berge keine Talfahrt der Schiffe, aber die Namen der Frachter boten sich wunderbar zum Verdrehen an.

«Wenn die Schiffe gegen den Strom so heißen, wie sie heißen, dann heißen sie, wenn sie mit dem Strom fahren, einfach andersherum. Wir holen uns neue Namen aus der Luft!»

APORUE hörte man. EUROPA.
ARALK – KLARA.
DNIWREMMOS – SOMMERWIND.
VATSUG – GUSTAV.
ESORDNIW – WINDROSE.
SUKITFUL – LUFTIKUS.

«Jetzt starr nicht in die Luft!» hörte man Max rufen. «Jetzt bist du dran, Paule!»
Und Paule ließ sich nicht drängen. Er hatte schon ein neues Spiel erfunden.
«Wenn ich mir die Namen der Schiffe ansehe, dann kann ich sie nicht genau erkennen. Wegen dem Nebel. Also kann ich nur Teile davon lesen ...» Wieder tuckerten zwei schwer beladene Rheindampfer über den Fluß.
«KTMRN» stammelte er. «Dummerweise kann ich das nicht so deutlich aussprechen.»
Aber Max hatte schon die Spur des Rätsels gefunden. «KATAMARAN», sagte er laut. «Mit vier ‹A› – ist doch klar!»
Als dann ein schnelles Boot über die leichten Wellen hüpfte und einen Wasserskifahrer im Schlepptau hatte, kam ihm auch eine Idee.
«Sieh mal, wie der fliegt!» sagte er. «Mal fliegt er, mal ist er im Wasser! Ein Wanderer zwischen den Elementen. Mal Wasser, mal Luft. Und wie heißt das im Schnelldurchgang?»
Paule dachte lange nach. Dann antwortete er Max: «WLAUSSFERT!»
«Was für ein Pferd?»
«Ein WLAUSSFERT! Ist doch klar. Das W vom Wasser, das L von der Luft, und so geht das weiter...!»
«Und wenn der gleich zurück‹pferd›?»
«TREFFSUALW.»
Max warf einen «Fünfer» ins Wasser. Einen Stein, der fünfmal auf dem Wasser hüpfte. «Na ja. Treff du mal deinen Alf. Ich jedenfalls werde mir jetzt den Regenumhang anziehen. Nicht nur Nebel, auch noch Regen.»
«GNAHMUNEGER!» sagte Paule plötzlich.
«Was für ein Neger?»
«Ein umgekehrter Regenumhang: GNAHMUNEGER. Der kommt aus Ghana, und der kennt keinen Nebel. Und außerdem würde der sich über Regen und Nebel ganz schön freuen. Was glaubst du, wenn so ein Regenzauberer aus dem Urwald plötzlich alles so umdrehen würde, wie wir es jetzt machen? Dann ginge der Regen von der Erde in die Luft. Dann würde der Nebel nicht

fallen, sondern steigen. Dann wäre über ihm der Fluß und unter ihm die Luft.»
«Lassen wir es so, wie es ist!» meinte Max. «Das bißchen Regen schadet uns ja auch nicht. Und außerdem bin ich es jetzt leid, Schiffsnamen umzudrehen. Komm, spielen wir was anderes. Schiffe versenken.»
Schon bald hatten sich die beiden vom Kioskbesitzer am Bootsanleger zwei Bleistifte und Papier geliehen.
«A 7?»
«Treffer!»
«A 8?»
«Treffer!»
«A 9?»
«Luft!»
«Wasser meinst du wohl!»
Max schüttelte den Kopf. «Ist ja auch kein Wunder, daß man hier durcheinanderkommt. Mal Wasser, mal Luft. Mal Regen, mal Neger. Mal Leben, mal Nebel. Jetzt bin ich dran. 7 C.»
«C 7 – meinst du wohl!»
Die beiden haben noch eine ganze Weile Schiffeversenken und Wörterverdrehen gespielt. Als sie dann am Schiffsanleger-Kiosk eine Erfrischung kaufen wollten, war schon alles so verdreht, daß Max der Frau am Verkaufstisch sagte: «Eine OMIL!» Die hat vielleicht geschaut.
«Es kann auch eine ALOC sein!»

Luftsprünge mit Wörtern

Was kann man alles mit Wörtern machen?
Man kann sie drehen. In der Luft rumwirbeln lassen. Da wird aus
PAPIER REIPAP. Aus ATEM die META. Aus MAMA AMAM und aus PAPA APAP. Aus LISA wird ASIL. Aus PERSIL wird LISREP. Nur OMO bleibt OMO. Und ATA bleibt ATA.

Wie viele Wörter findest du, die vor- und rückwärts gelesen den gleichen Namen ergeben?

- Ein Hinweis: Ein Nachttier mit drei Buchstaben. Eine Abkürzung für Eule. Oder besser noch: Klebt gut! Na ...?
- Ein Mensch, der nicht mehr arbeiten gehen muß und trotzdem Geld bekommt. Sieben Buchstaben lang. Wer ist es?
- Ein Blödel – Blödel aus Ostfriesland, den man einfach gut findet? Na?

Am Boden und in der Luft – wunderbare Elemente

- Ein REGAL, das noch im LAGER steht? Klar: Ein LAGER-REGAL.
  Aber wo steht es? Im REGALLAGER!
- Einer, der einen Schiffbrüchigen aus dem Wasser an die Luft bringt? Ein LEBENS ......

Finde weitere Begriffe, die sich umdrehen lassen. Diesmal sollen neue Begriffe entstehen.

- Ein Hinweis, nicht einmal aus der Luft gegriffen:
- SEGEL. LEG ES nicht darauf an, unbedingt einen Sinn zu finden. Spiele einfach wie der Wind, der wirbelt auch alles durcheinander.
- Zum Beispiel: LEIPSIEB. Was soll das denn sein? Eine Stadt?

Ein BEISPIEL. Und andere:

- ROT wird TOR. Ein BART galoppiert fast (im TRAB). Aus dem EBER wird eine REBE und aus dem ESEL LESE.

Spiel

Was man noch mit Wörtern machen kann: Die Vokale sollen weggelassen werden, und so entstehen aus leckeren Früchten entsaftete Wörter: NNS steht für ANANAS, BNN für BANANE, RNG für ORANGE. Was versteckt sich hinter:

NKTRN
PFLSN
PFRSCH
MNDRN
MNG
WLNSS
PFLM
RSN
PMPLMS ???

Gedicht

Der Drachen

Peter Maiwald

Paul macht sich einen Drachen
(der Drachen: Aus Papier).
Paul sagt zu seinem Drachen:
Komm, Drachen, flieg mit mir.

Da knistert leis der Drachen
(der Drachen aus Papier)
und sagt papiern: He Paule
vor Höhe schwindelt mir.

Vor Himmeln hab ich Ängste
vor Wolken hab ich Angst.
Ich kann und will nicht fliegen
auch wenn du es verlangst.

Da sagt der Paul zum Drachen
(zum Drachen aus Papier):
Komm mit mir in mein Zimmer
und dort: Dort fliegen wir.

Wasser hat keine Balken! heißt es. Luft erst recht nicht. Wenn man so plötzlich in den Lüften schwebt, dann schwinden einem die Sinne. Man wird schwindelig. Und schwindeln werde ich auch hier. Extra. Denn ich erzähle hier drei kleine Geschichten, von denen nur eine wahr ist.
Welche ist wahr?

1. Luftsprung

Nicht weit von meinem Haus steht die Turnhalle, in der meine Kinder Sport treiben. Volleyball wird angeboten, Handball ebenfalls und natürlich auch etwas, bei dem jeder allein für sich herumturnen kann. Das ist besonders beliebt, denn dann werden Trampoline aufgebaut.
Eines Tages geschah das Unmögliche. Ein Junge, vielleicht elf oder zwölf Jahre alt, hatte so mächtig Schwung genommen, daß er fast bis zur Decke der Halle flog. Man muß wissen: Die Halle ist schon etwas älter, und eine große Lampe, fast ein Kronleuchter, hängt an der niedrigen Decke. Diesen Leuchter versuchte der Junge zu erwischen. Und was sage ich euch? Als er die Fassung der Lampe gerade erfaßt hatte, löste sie sich, und der Junge hing nur noch an dem Stromkabel, welches zum Glück keinen Strom mehr führte. Erst als die netten Übungsleiter ihm das Trampolin unterstellten, ließ er wieder los. Luftsprünge sind auch nicht so ganz ohne!

2. Die sonderbare Luftpumpe

Ich kenne jemanden, der kennt wiederum jemanden, dessen Bekannter ist Ingenieur. Tatsächlich soll er ganz besondere Geräte konstruiert haben. Das sagt man ihm nach. In seiner kleinen Werkstatt sieht es wie bei Daniel Düsentrieb aus. Kraut und Rüben liegen durcheinander oder besser Schalter und Isolatoren. Ich kann das sagen, denn ich habe ihn einmal besucht. Mein Fahrrad war kaputt, und ich suchte unbedingt ein neues Ventil für den Hinterreifen. Was er mir dann vorführte, das ließ mir doch den Atem stocken. Mir blieb die Luft und somit die Puste weg.

«Das Ventil ist nicht kaputt!» wußte er bald. «Der Plattfuß kommt von einem Loch im Schlauch!» Sagte es, nahm eine Tube, strich etwas Paste vorne auf die Luftpumpenöffnung und setzte die Pumpe an. «Warten Sie ab. In zehn Minuten ist das Fahrrad wieder startbereit. Ich blase den Klebstoff – übrigens: reines Gummi arabicum – an die verletzte Stelle. Dann repariert es sich von selbst.»

Ich glaubte, der Mann wolle mich veräppeln. Doch es hat tatsächlich genutzt...

Mir blieb nicht mehr die Luft, sondern die Spucke weg. Der Schlauch war repariert!

3. Vier-Schanzen-Tournee

Mir geht es so wie vielen. Manchmal bleibt die Glotze tagelang aus, dann plötzlich hocke ich voller Begeisterung davor. Und wenn das Jahr zu Ende geht und das neue Jahr sich mit frühzeitig abgeknallten Feuerwerkskörpern ankündigt, dann sitze ich mit Pausen dazwischen – an vier Tagen vor dem Fernsehgerät. Denn eine meiner Lieblingssportarten (die ich nicht selber ausführe) ist das Skispringen.

Wie oft habe ich in den letzten Jahren mitgezittert: um die Deutschen, um Finnen, Japaner und Norweger.

Natürlich: aus deutscher Sicht fallen ganz spontan zwei Namen, wenn es ums Skispringen geht: Jens Weißflog und Dieter Thoma. Der Wettkampf dieser sympathischen jungen Männer hat mich immer wieder angeregt, das Fernsehgerät zum Jahreswechsel verstärkt anzustellen... denn immer dann findet die Vier-Schanzen-Tournee statt.

«Der erste Sprung … gut plaziert … Anlauf verkürzt … die Luftgeschwindigkeit ist zu vernachlässigen …»
Dies sind Sätze, die immer wieder vom Reporter zu hören waren. Die Luftgeschwindigkeit, Aufwinde und Fallwinde, dies alles sind schon wesentliche Voraussetzungen für die Weite des Sprungs.
So zeigen die Trainer ihren Springern auch an, wann sie loslegen sollen. Die Trainer beobachten die Wetterstation nämlich ganz genau. Und wieder ein Anlauf … ein mächtiger Satz … Schanzenrekord!
Dieter Thoma wird gefeiert. Umringt von Reportern, wird er nach dem Geheimnis seines Erfolges gefragt. Er hat keins. «Einfach nur gut trainiert!» meint er und zeigt auf seinen Trainer.
Ob er denn nicht doch ein kleines Geheimnis habe? wird der Sieger des heutigen Wettkampfs gefragt.
«Doch!» antwortet Dieter Thoma. «Eigentlich bin ich nicht schwindelfrei!»

Lösung:

Die dritte Geschichte ist wahr. Dieter Thoma hat sich zu seiner «Schwindelangst» in einer Fernsehsendung bekannt.

Rätselhafte Luft. Ein Ratequiz

Wenn einer nur rumlabert, sagt man auch: «Bei dem kommt nur heiße Luft raus.» Aber ihr seid ja total geübt und wißt was von der Sache, die da Luft heißt. Ihr sollt keine Luftschlösser bauen, sondern herausfinden, was richtig und was falsch ist. Auch hier stehen wieder 10 Fragen in der Luft.

1. Welcher Schüler Galileo Galileis wies nach, daß sich in einem Raum Luft befindet, wies den Druck nach und erfand das Barometer (den Luftdruckmesser)?

a) Peter Stuyvesant (1865).
b) Torricelli (17. Jahrhundert).
c) Pumpus, der Erfinder der Luftpumpe (um 220 v. Chr.).

2. Nach wem ist das lenkbare Luftschiff benannt?

a) Charles Lindbergh.
b) Graf Zeppelin.
c) Gebrüder Montgolfier.

3. Luft besteht zum größten Teil aus Stickstoff. Welches chemische Element hat den zweitgrößten Anteil an der «Luft»?

a) Sauerstoff.
b) Kohlendioxid.
c) Edelgase wie Neon und Helium.

4. Der Ausdruck SMOG ist eine Zusammenziehung von zwei englischen Wörtern. Von welchen?

a) Von Smoking und Oggersheim (Wohnort von Helmut Kohl).
b) Von Seiner Majestät «Old Germany».
c) Von «smoke» (Rauch) und «fog» (Nebel).

5. Stimmt es, daß Kraftwerke ohne Filteranlagen eine Aufschrift auf ihren Schornsteinen tragen müssen: «Die EG-Umweltminister: Dieser Rauch gefährdet Ihre Gesundheit.»?

a) ja
b) nein

6. Die Berliner Luft ist sprichwörtlich. Gibt es sie als Touristenattraktion in Konservendosen eingeschweißt zu kaufen?

a) ja
b) nein

7. Spießenten sind hervorragende Flieger. Um in ihre Winterquartiere zu kommen, überfliegen sie in Asien:

a) die Wüste Gobi.
b) den Himalaja.
c) die Chinesische Mauer.

8. Der Pfau wird als eitles Tier dargestellt. Und trotzdem hat er auch einen Nutzen. Er macht Jagd in seinem Revier:

a) auf Kobras, so daß Pfauenreviere bald frei von Giftschlangen sind.

b) auf Gummibärchen, weil die von Kindern mehr gemocht werden als der Pfau.
c) auf Mäuse und erspart so die Mausefalle.

9. Welches einfache Gerät gilt als eine der wichtigsten Erfindungen zur Gewinnung von Eisen aus Eisenerz?

a) Der Amboß.
b) Der Feuerstein.
c) Der Blasebalg.

10. Warum sind bewegte Gewässer so wichtig für manche Fischarten?

a) Weil sich die Fische dann nicht mehr selber bewegen müssen und dadurch Kraft und Futter einsparen.
b) Weil durch das Aufsprühen immer neue Luft in das Gewässer kommt.
c) Weil fliegende Fische so einen besseren Anlauf haben.

Auflösung:
1 b; 2 b; 3 a; 4 c; 5 b; 6 a; 7 b; 8 a; 9 c; 10 b.

Windei

Jürgen Spohn

Einer, der nicht wußte, was ein
Windei ist, hat einen gefragt,
der auch nicht wußte, was ein Windei
ist: Was ist ein Windei.
Da haben sie überlegt und zu streiten
angefangen. Der eine hat gesagt,
ein Windei ist ein Ei aus Wind.
Schließlich kam einer dazu, der
wußte, was ein Windei ist.
Er hat sich dann auf die Schenkel
geschlagen vor Lachen.
Und eine Windhose. Was ist das?

(Aus: Hans-Joachim Gelberg [Hg.]: Die Erde ist mein Haus – Achtes Jahrbuch der Kinderliteratur. Weinheim und Basel 1988. Beltz & Gelberg)

Was ist eine Windhose?

Ich will es aus dem Lexikon aufschreiben. Denn ich weiß nur, daß eine Windhose nichts zum Anziehen ist, sondern ein gefährlicher Wirbelsturm.

20 Bände hat mein Lexikon. Ausgerechnet das Wort WINDHOSE entwickelt sich zu einem WINDEI. Denn der zwanzigste Band fehlt …

Wer hat den verschludert?

Ich frage meinen Nachbarn, weil ich weiß, daß er weiß, was eine Windhose ist. Der ist begeisterter Segelschiffahrer, er besitzt sogar einen 100 Jahre alten Botter, ein zwanzig Meter langes Kutterschiff, wie es die Fischer in Holland lange Zeit benutzten.

Er will gerade anfangen, mir zu erklären, was eine Windhose ist, da schellt bei ihm das Telefon.

«Ich hab's ganz eilig !» sagt er bald darauf. «Ich muß rasch weg! Aber guck doch mal unter ‹Trombe› im Lexikon nach!»

Ich stehe da wie bedröppelt und kann euch noch immer nicht sagen, was eine Windhose ist.

Aber was hat er mir gesagt ? «Trombe». «T» kommt vor «W». Nicht in Band 20, sondern in Band 19 meines Brockhaus-Lexikons muß das stehen. Und diesen finde ich auf Anhieb.

«*Trombe*, die – (italien.: Tromba – Trompete) – in Nordamerika Tornado, heftiger lokaler Wirbelsturm.»

Und dann lese ich, daß sich die gefährlichen Tornados bei bestimmten Gewitterlagen bilden, und zwar dann, wenn Kaltfronten in heiße Luft einbrechen. Sie werden von hektischen Höhenwinden begleitet. Dann greift aus der Unterfläche der Gewitterwolke ein rüsselartiger Wolkenschlauch bis in Bodennähe herab, dessen drehende Bewegung sich als Wind-, Sand- oder Wasserhose auswirkt. Der innere Durchmesser solch eines Wirbels beträgt 20 bis 400 Meter. Die mit der Gewitterwolke wandernden Tornados (mit einer Lebensdauer von einer Minute bis zu mehreren Stunden) reißen selbst Menschen, Tiere oder Hausdächer in die Luft und tragen sie fort.

Ich glaube, so eine Windhose hat auch den 20. Band meines Lexikons weggetragen. Verflixt, nirgendwo kann ich ihn finden. Aber was eine Windhose ist, das kann ich mir jetzt auch so ausmalen.

Luftspiele

Ballonreise

Drei bis fünf Mitspieler stehen auf einem Tisch. Sie befinden sich – bildlich gesehen – in einem Ballon. Der aber schwebt über dem offenen Meer und ist wegen Überlastung kurz vor dem Absturz.
Nun sollen die Ballonfahrer einander durch gute Argumente überzeugen, wie wichtig sie für die Menschheit sind. Natürlich ist jeder darauf bedacht, im Ballon zu bleiben. Wer am wenigsten überzeugt, muß abspringen.
Die Zuschauer können entscheiden, wer abspringen muß.

Wörter können fliegen

Laßt hierbei eure Gedanken und Wörter so richtig fliegen. Ein Flugzeug hat ein Spruchband. Und was steht da drauf? Bislang noch nichts – aber das soll sich ändern. Und so geht es:
Bis zu 10 Mitspieler bilden eine Kette. Der erste sagt einen Begriff aus dem Themenkreis *Luft.* Zum Beispiel *Vogel.* Der nächste muß fortsetzen: *Vogelflug.* Der darauf folgende sagt vielleicht *Vogel-Flug-Linie.* Die nächste: *Vogel-Flug-Linien-Kapitän …*
Es ist nicht einfach, sinnvolle Wörter fliegen zu lassen, die sich alle mit einem Thema beschäftigen. Wie kann es weitergehen? Wer findet das längste Flugzeugspruchbandwort?

Geplatzte Wörter

Dazu braucht man einen Buchstabenwürfel, wie man ihn bei *Letramix* oder anderen Spielen findet. Der Spielleiter erzählt eine beliebige Reisegeschichte.
Neulich kam ich nach... Sein Wort ist aber geplatzt, und so muß der nächste Mitspieler in der Runde durch Würfeln einen Buchstaben finden, mit dem sein Wort anfängt, das er dann in die Geschichte einsetzt.

Weitere Anregungen:
Welches Gericht hat man dort gegessen?
Welches Hobby hat man in dem Land?
Welches Tier ist im Landeswappen abgebildet? ... usw.

Luftikus

Ein Luftikus ist jemand, der es sich besonders leicht macht und keine Probleme wälzt. Ein leichtlebiger Mensch, der es mit der Wahrheit nicht so genau nimmt.
So erzählt er uns drei kleine Episoden aus seinem Leben oder eben erfundene Geschichten. Eine von den dreien soll wahr sein, die anderen beiden dürfen (und müssen) erlogen sein (siehe auch die *Schwindelgeschichten*, S. 231).
Wer rät die wahre Geschichte? Wer überführt den Luftikus der Lüge?
Nachdem der Luftikus seine Geschichten erzählt hat, ist der nächste in der Reihe der Luftikus.

Vogelgeräusche

Ziel dieses Spiels ist es, Vogelgeräusche zu deuten – eine sehr schwierige Sache. Voraussetzung ist, daß jemand in der Gruppe diese Geräusche nachmachen kann. Oder man nimmt eine Geräuschkassette, die es im Handel zu kaufen gibt (CD oder MC mit Vogelgeräuschen).
Die Mitspielenden teilen sich in Gruppen zu drei Personen ein. Der Spielleiter stellt die Geräusche vor, und die Gruppen müssen sich jeweils untereinander einigen, welchem Vogel sie die Stimme zuordnen wollen.

Luftballonrennen

Dieses Spiel sollte im Schwimmbad gespielt werden.
Jeder, der mitspielt, erhält einen Luftballon mit seinem Namen (mit Filzstift draufgeschrieben). Jeder bläst seinen Ballon auf und verknotet die Öffnung. Die Spielenden sitzen nebeneinander am Beckenrand, den Ballon im Wasser zu den Füßen. Dann geht es auf ein Zeichen los. Durch Strampeln muß der luftige Ballon auf dem viel, viel schwereren Wasser «weggestrampelt» werden. Wer kommt am weitesten? Ein Spielleiter gibt die Signale für Start und für Ende.

Hochmoderne Wetterregeln

Heute mißt man die Luftfeuchtigkeit, die Temperatur, den Luftdruck – und kann daraus Rückschlüsse auf das Wetter ziehen. Wie es ist, wie es sein wird …
Aber das war in früheren Zeiten nicht möglich. So half man sich mit Wetterregeln, die auch als *Bauernregeln* bekannt sind.

Ist es im Juni hell und klar, schneit es dann im Januar!
Dabei sind Weisheiten, die verblüffen. Zum Beispiel:
Regnet's im Mai, ist der Januar vorbei!
Oder:
Kräht der Hahn auf dem Mist, ändert sich das Wetter, oder es bleibt, wie es ist!
Dichtet neue Wetterregeln, die sich mit Wind, Wasser und Ernte beschäftigen!
Zum Beispiel:
Weht im Juni mild der Wind,
freut sich jedes junge Rind.
Oder:
Bläst vom Dach der Sturm,
kringelt sich der Wurm.
Oder:
Regnet's früh und spat,
wächst gut der Salat.
Da haben wir den Salat. Gebt noch Salz und Pfeffer dazu.

Wetterregeln gibt es viele …

Experimente mit Luft

Alle auf einen Streich …

Mit Hilfe von Luft werden Streichhölzer, die auf dem Tisch liegen, in die Höhe befördert. Dazu werden die Hülse der Streichholzpackung zwischen die Lippen genommen und auf die auf dem Tisch frei nebeneinander liegenden Streichhölzer gesenkt. Durch Ansaugen schafft man einen luftverdünnten Raum, und die Streichhölzer «schweben» nach oben.

Flaschenpost

Wenn man versucht, ein kleines Papierkügelchen in eine geöffnete Flasche hinein zu blasen, wird man sein blaues Wunder erleben. Statt in die Flasche fliegt das Kügelchen einem selber ins Gesicht.

Die Erklärung ist einfach. Durch das Pusten entsteht ein erhöhter Luftdruck in der Flasche und somit vor dem Flaschenhals ein Unterdruck. Durch den Druckausgleich – Gase haben diese Eigenschaft – gerät das Kügelchen nach außen und nicht in das Innere der Flasche. Damit werdet ihr sicher manche Wette gewinnen können …

Eier wegblasen

Zwei standfeste Eierbecher (aus Porzellan) werden hintereinander gestellt. Ein gekochtes Ei wird in den vorderen Eierbecher gelegt. Wenn man nun kräftig an die Wandung zwischen Ei und Porzellan bläst, hebt sich das Ei und kippt in den leeren Becher.

Wäre die Eierschale ganz glatt, dann würde das Experiment nicht gelingen. Da die Eierschale aber rauh ist, strömt die Luft in den Hohlraum unter dem Ei. Dort wird sie komprimiert – das heißt: zusammengepreßt – und hebt so das Ei aus dem Eierbecher hinaus.

Alle pusten mit …

Fallschirmrennen

Dieses Spiel läßt sich besonders gut in den Ferien – an einem Strand – spielen. Man füllt dazu ein Papiertaschentuch mit Sand und knotet es als Säckchen zusammen. Daraufhin nimmt man ein großes Stofftaschentuch, knotet jeweils an den Enden eine dünne Schnur an und verbindet diese vier Schnüre zusammen mit dem Sandsäckchen. Wetten, daß diese Dinger fliegen? Man muß sie nur hoch in die Luft werfen.
Wer mag, kann daraus ein Spiel machen. Welcher Fallschirm bleibt am längsten in der Luft?

Schulausflug. Jede Lehrerin und jeder Lehrer kennt dieses Spiel. Natürlich wollen alle Schüler ganz weit weg. Nach Frankfurt, nach München, zu den Dampfern in Hamburg sogar. Aber dann meint die Lehrerin: «Ihr kennt fast alle Mallorca, ihr kennt Österreich und vielleicht Italien – aber kennt ihr eigentlich unser Land –, das Gebiet, in dem ihr wohnt?»
«Da ist doch nur Landschaft!» ruft Anne. «Und frische Luft!»
Manche blicken ganz schön belämmert. «Na gut …», meint die Lehrerin. «Aber eins kann ich euch versprechen. Wirklich alles hat mit Luft zu tun. Und ihr sollt entdecken, wo überall die *Luft* eine Rolle spielt.»
Beim Bäcker fängt die Wanderung an. Was der schon mit Luft zu tun hat? fragt sich Anne, höchstens mit Wasser im Teig und Feuer im Backofen. Die Lehrerin will wohl ihre Schüler nur mit etwas Leckerem locken.
Bäcker Viebahn ist gerade dabei, Teilchen zu formen. Plunderteilchen. Er hat viele Vierecke vor sich liegen und rädert sie mit einem kleinen Rädchen, das wie an einem Messer befestigt ist, aus. Er schneidet von der Diagonalen in die Mitte und klappt die Ecke um. Heraus kommt eine Windmühle. In die Mitte gibt er eine Pfirsichhälfte und darauf noch eine Kirsche.
Danach zeigt er den jungen Gästen, wie man Windbeutel backt. Das ist nicht ganz einfach. Luftig müssen diese Beutel sein, und fettig werden sie, wenn man die Sahne da hineinfüllt.
Dann erklärt der Bäcker, wie Backpulver *Luft* in den Teig bringt, und formt jedem einen großen Frosch aus Stutenteig. «Damit ihr unterwegs auch große Sprünge machen könnt!» lacht er.
Manchmal werden Sprünge über Bäche nötig. Über Bäche, die in der Karte eingezeichnet sind, und über solche, die man nicht darin finden kann.
Überall hat das Hochwasser seine Spuren hinterlassen. «Warum», fragt ein Schüler die Lehrerin, «gibt es in diesem bergigen Land hier so viele Bäche?»

«Den Bächen verdanken wir die jährliche Regenmenge von bis zu 1400 Litern pro Quadratmeter, und der Regen wird von dem Wind, von Westen, Südwesten und Nordwesten zu uns herangetragen. Dadurch haben sich auch so viele kleine *Siefentälchen* gebildet», erläutert die Lehrerin. Das sind kleine Wasserläufe, Bäche kann man sie noch nicht nennen. Eher Nebenbäche…
Am Wanderparkplatz suchen sich die Wanderer den Weg in das große Waldgebiet mit den vielen Steigungen. Die ersten stöhnen schon. Bald überqueren sie einen Wirtschaftsweg, der nach rechts auf einen alten Kohlenmeilerplatz führt.
«Typisch!» weiß die Lehrerin. «Immer wenn ihr solche kreisrunden Flächen im Wald seht, dann müßt ihr davon ausgehen, daß hier einmal ein Kohlenmeiler stand. Und wenn ihr mit der Hand die Nadeln beiseite schiebt, dann findet ihr wohl wirklich ein Stück Holzkohle!»

In manchen Gegenden Deutschlands konnten die Bauern nicht allein von ihrer Landwirtschaft leben. Deshalb sahen sie sich nach einem Nebenerwerb um. Dabei spielte die Köhlerei jahrhundertelang eine bedeutende Rolle. Zusammen mit dem Lohrindeschälen war sie für die Kleinbauern die ertragreichste Form der Waldnutzung, denn der Bedarf an Holzkohle für Eisenhämmer, Schmelzhütten, Schmieden, Pulvermühlen und Kalköfen war riesengroß. Besonders zur Verhüttung und Weiterverarbeitung des Eisens brauchte man enorme Holzkohlemengen. Um 1 Zentner Eisen zu schmelzen, wurden 3,5 Zentner Holzkohle benötigt. Für 1 Zentner Holzkohle mußten 5 Zentner Holz verkohlt werden, das sind 1–1,5 Raummeter Stangenholz. Der Erntevorrat eines gut gepflegten Niederwaldes beträgt etwa 1000 Zentner Stangenholz pro Hektar.
In früheren Zeiten sprach man deshalb von der «Schwüle auf den unbewaldeten Bergrücken!» Dort, wo sich heute wieder so manches Waldgelände findet, war einst alles ratzekahl abgeholzt worden.

Die Lehrerin zeigt ihren Schülern erneut einen alten Kohlenmeilerplatz. Fast alle stecken sich ein Stück Holzkohle ein. «Was glaubt ihr?» will Julia von ihren Mitschülern wissen, «brannten diese Meiler nur tagsüber?»

«Das ging doch gar nicht!» sagt Cecilia daraufhin. «Die mußten doch Tag und Nacht brennen! Die hatten doch keinen Schalter!»
«So ist es!» bestätigt sie die Lehrerin. «Und mehrere solcher Meiler qualmten mehrere Wochen!»

Die Gewinnung einer guten Holzkohle setzte reichlich Erfahrung voraus. Zu Beginn stand die Suche nach einem günstigen Platz. Es mußte ein Ort sein, an dem der Wind ständig leicht wehte, denn die Zufuhr von Sauerstoff war letztlich entscheidend. Dann mußte bedacht werden, ob der Zu- und Abtransport von Holz möglich war. Das Wichtigste aber war, daß in ausreichendem Maße Wasser zur Verfügung stand, denn man benötigte Kühlwasser. Der Meilerplatz war auf einer ebenen Fläche herzurichten, etwa sieben bis acht Meter im Durchmesser groß. Zunächst wurde in der Mitte senkrecht die Meilerstange errichtet. Das Knüppelholz schnitt man auf Stücke von einem Meter. Fachgerecht wurden diese Prügel in mehreren Stockwerken dicht nebeneinander aufgeschichtet. Der fertige Meiler wurde mit Rasenplaggen und Erde abgedeckt. Danach zog der Köhler die Meilerstange heraus. Es entstand ein Schacht, in den von oben gut brennbares Reisig und kleine, trockene Holzschnitzel gesteckt wurden. Die große Kunst bestand darin, glimmende Holzkohle so in den Schacht einzufüllen, daß das Reisig zum Glühen und das Holz von innen zum Glimmen gebracht wurde. Dies geschah durch regulierte Luftzufuhr. Dazu wurden einzelne Rasenplaggen aufgedeckt oder geschlossen. Vier Tage später stieß man weitere Zuglöcher. Diesen Zuglöchern entstieg Wasserdampf, der sich angesammelt hatte. An der Farbe des Wasserdampfes konnte der Köhler erkennen, wie weit der Verkohlungsprozeß im Inneren des Meilers fortgeschritten war. Etwa nach 14 Tagen war die Verkohlung beendet. Der Meiler wurde auseinandergenommen und langsam mit Wasser so abgekühlt, daß weder ein Brand entstand noch die Holzkohle verschlemmt wurde.

Manche Schüler sind vorne, manche in der Mitte bei ihrer Lehrerin, und andere ganz, ganz weit hinten. Am Waldeck geht's scharf rechts noch einmal steil ansteigend zunächst durch Hochwald zum Aussichtsturm auf den Berg. Neben diesem Aussichtsturm ist eine Gaststätte, in der sie von einem Wirt bedient werden, der behauptet, zwischen seinem Gasthaus und

Amerika gäbe es in westlicher Richtung keinen höher gelegenen Zapfhahn. Auf dieser Höhe gäbe es «nur Luft» zwischen ihm und den Rocky Mountains.

«Das glaubt doch kein Mensch!»

«Seht euch mal diese Karte an!» sagt der Wirt. «Hier liegen wir, und westlich von uns liegt Holland. Gibt es da höhere Berge als bei uns? Immerhin haben wir hier über 500 Meter in der Höhe. Und dann kommt der Atlantische Ozean. Die nächste höchste Erhebung, die dürfte wohl irgendwo in den Rocky Mountains sein.»

«Jetzt aber rauf auf die höchste Stelle hier bei uns!» fordert die Lehrerin ihre Schülerinnen und Schüler auf. Ein paar sind schon oben, während anderen unten schon schwindelig ist.

Der Aussichtsturm ist aus einem alten Hochspannungsmasten an dieser Stelle errichtet worden, weil jemand ganz vernarrt in die Idee war, daß «sein Berg» zur höchsten Erhebung in der Landschaft werde. Denn der Berg hat in der Nähe noch zwei Mitkonkurrenten, die ebenso hoch und höher sind. Mit dem Turm aber ist unser Ausflugsberg einfach unschlagbar…

Auf luftigen Höhen tummelt sich eine dritte Grundschulklasse. Was sie da sehen, ist schon enorm …

«Ich sehe unsere Schule!» ruft einer und wird übertönt von jemandem, der sogar sein Haus erkannt haben will. Aber das Unglaublichste sagt die Lehrerin: Man könne bei gutem Wetter von hier aus sogar den Kölner Dom sehen.

«Der ist doch 50 Kilometer weit weg von uns!» zweifelt Harriet.

«Und trotzdem», hört sie, «bei klarer Sicht ist der Weg frei, und du siehst den Dom.»

«Sind wir jetzt höher oder der Dom?» will Mutlu wissen.

«Wir!» ruft Klaus laut, und Erich wiederholt: «Natürlich wir!» So hoch sind die Schüler geklettert, und doch fühlen sie sich dicht am Boden. Alles andere als «schwebeleicht» ist es hier oben. Mit dem Boden hat man festen Kontakt. Da plötzlich hört man Claudia schreien: «Mir wird auf einmal so schlecht!» Und es ist, als ob man jemand lachen hört, als sie sich über die «Reling» beugt.

«Guck einfach in die Luft!» hört Claudia, «dann geht es dir wie-

der besser. Luft ist nämlich was Tolles, man sieht sie nicht, man hört sie nicht, und manchmal spürt man sie nur!»
«Wie jetzt!» Claudia ist dem Ratschlag gefolgt. «Aber irgendwie ist es hier oben doch mächtig zugig. Komm, ich klettere ganz schnell hinunter! Wenn ich nämlich zuviel Luft mitkriege, dann bekomme ich eine Erkältung, hab den Hals und die Nase zu und bekomme zuwenig Luft!»
«So ist das eben mit der Luft!» lacht die Lehrerin. «Die Luft ist tatsächlich ein Luftikus! Immer zu Streichen aufgelegt. Manchmal streicht sie über die Wipfel der Wälder, dann streichelt sie unsere Wangen, dann streikt sie: bleibt einfach stehen. So ist das eben mit der Luft. Da bleibt manchen die Puste weg!»
Und dann erzählt die Lehrerin ihren Schülern eine alte Sage von den Riesen auf den Bergen, die von Generation zu Generation mündlich überliefert wurde.

Auch im Wald und am Wald: Krokusse mit Hummel

«Zwei Riesen lebten gleich hier auf zwei benachbarten Bergen, auf den höchsten Warten des Landes. Sie besaßen beide zusammen nur einen Pflug, da damals das Eisen noch sehr knapp war.
Wenn nun der Riese auf dem westlichen Berg pflügen wollte, dann rief er: ‹Bring ihn rüber!› Dann packte der Bruder auf dem östlichen Berg den Pflug auf den Nacken und sprang mit drei gewaltigen Sätzen hinüber. Durch diese Sprünge hin und her sind drei große Täler entstanden.
So pflügten sie Jahr um Jahr und machten das unwirtliche Land urbar. Einer zog, der andere führte den Pflug. Eines Tages aber gerieten sie in einen heftigen Streit, denn jeder behauptete, sein Berg sei der höchste. Keiner wollte nachgeben. Zuletzt schlugen sie mit den Pflugstücken aufeinander ein, daß die Splitter flogen und das Blut in Strömen floß.
Keiner überlebte den Streit. Sie erschlugen sich gegenseitig. Die Landbestellung war jäh unterbrochen, und Gebüsch und Heide bedeckten wieder das Land. Und so konnte auch die Frage, welcher von beiden nun der höchste Berg sei, nicht geklärt werden.»

So ist das eben, wenn sich Leute streiten. Einen Streit haben auch Eva und Mutlu. Einen ganz kleinen. Mutlu war schon einmal in Holland, und er glaubt, etwas wiederzuerkennen. Er behauptet felsenfest – auf dem Aussichtsturm stehend: «Das da hinten, wo die Berge sind, das ist Holland!» Aber Eva widerspricht heftig. «Holland hat keine Berge. Nur Dünen!»

Aber Mutlu läßt nicht locker. «Dann sieht man eben deine Dünen!»
Die Wandergruppe geht dann – nach einer Erfrischung aus Gläsern (und nicht aus Dosen) im Lokal – weiter in den Laubwald aus Buchen und Eichen. «Den Eichen mußt du weichen – die Buchen mußt du suchen!» ruft Kalle plötzlich. Seine Oma sagt diesen Spruch immer bei Gewitter. Von Blitz und Donner war an diesem sonnigen Herbsttag aber nichts zu sehen und zu hören.
«Alles Quatsch!» meint die Lehrerin. «Das sind Sprüche, die

sich jahrhundertelang halten, aber keinen Sinn haben. Bei Gewitter sollte man unter keinem Baum stehen, egal wie er heißt!»
Dann macht sie eine kleine Pause. «Aber der Wald mit seinen Bäumen, dieser Wald war nicht immer nur zum Wandern gedacht. Früher haben sich die Menschen vor allem nach dem Nutzen gefragt: ‹Was kann uns der Wald bringen?›»
«Luft!» ruft Melanie plötzlich. «Gute Luft!»
Aber die Lehrerin meinte, Luft sei zuwenig gewesen. Man wollte mehr haben als nur Luft. Bäume seien auch Güter gewesen. *Güter* kommt von: etwas guthaben.

Der Wald war jahrhundertelang eine der wichtigsten Grundlagen der bäuerlichen Wirtschaft. Er lieferte nicht nur Bau-, Brand- und Möbelholz, sondern auch Holz für Garten- und Dorfzäune, Werkzeuge, Haus- und Ackergeräte, Kinderspielzeug, für die Köhlerei, für Schmieden, Eisenhämmer, Schmelzhütten, Pulvermühlen und Kalköfen. In Hochwäldern und Büschen holten Bauern dürres Laub, Farn- und Heidekraut, das als Viehstreu diente. Rindvieh, Ziegen und Schafe wurden jahrhundertelang zur Waldweide und in die Niederwälder getrieben und fanden im frischen Laub und in Waldgräsern ein spärliches Futter. Eicheln und Bucheckern lieferten für die Schweine ein billiges Mastfutter. Die «Büsche» spendeten außerdem Eichenlohe für den Gerber. Haselruten und Eichenstäbe wurden zum Flechten der Fachwerkwände gebraucht, aber auch für Körbe und Kiepen. Aus Birken-, Eichen- und Faulbaumhölzern fertigte der Bauer billige Leuchtspäne, aus Heidekraut, Ginster-, Birken- und Stechpalmzweigen Besen aller Art, aus Hasel- und Wacholderholz Peitschen- und Flegelstäbe, aus Eichen-, Schwarzdorn- und Haselstäben Spazier-, Pflug- und Prügelstöcke. Die zahlreichen Wacholdersträucher lieferten Zweige für die Herstellung von Fußmatten, zum Räuchern und zum Fang der Wacholderdrosseln. Auch Wald-, Preisel-, Him- und Brombeeren sowie Kräuter für Tees und Heilgetränke waren willkommene Gaben des Waldes.

Bevor unsere Wanderer nun den Abstieg vom Berg wählen, genießen sie noch einmal den weiten Blick über das hügelige Land. Aber auch aus der Nähe gibt es noch etwas zu berichten, denn der Boden, auf dem sie stehen, ist altes «Eisenland». Es handelte sich damals zwar nicht um einen «Wirtschaftsraum

erster Güte», sondern nur um eine Gegend mit einzelnen Rennfeueröfen und Schachtöfen. Aber sie bezeugen, daß hier vor vielen Jahrhunderten Eisenerz geschürft, verhüttet und womöglich auch verarbeitet worden ist. Und da hat die Lehrerin eine Überraschung. Denn sie kennt eine Stelle, an der ein solch alter «mittelalterlicher Ofen» stand.
«Luft!» sagt sie. «Luft kann sogar Eisen schmelzen! Wetten!»
«Aber Sie meinen Feuer!» hört die Lehrerin.
«Feuer und Luft. Denn hohe Temperaturen gab es nur, wenn man kräftig Luft in die Flammen gab. Und da der Blasebalg ja auch noch nicht immer da war, nutzte man die natürlichen Winde, um die Glut anzufachen. Dann kam die Flamme auf Touren und das Eisen zum Schmelzen!»
«Melting pot!» ruft Henry. «Das heißt Schmelztiegel!»
«Unser Engländer weiß immer wieder alles!» ruft Erich. Er ist neidisch, daß der schon zwei Sprachen kann.

Wann mit der Eisenschürfung und -erzeugung begonnen wurde, wissen wir nicht so genau. Man nimmt an, daß dies mit der zunehmenden Seßhaftigkeit der Bauern im 8. und 9. Jahrhundert zusammenhing. Nachgewiesen ist dagegen aber, daß die meisten der sogenannten «Rennfeueröfen» zwischen dem 11. und 13. Jahrhundert betrieben wurden, das zeigen die vielen entdeckten Fundplätze. Von diesen «Überraschungsfunden» stammt auch unsere Kenntnis von der Verhüttung des Eisenerzes sowie von der Weiterverarbeitung der mit vielen Schlackenresten durchsetzten sogenannten «Luppe» zu technisch verwertbarem Eisen.
Die ältesten Verfahren, Eisen zu gewinnen, waren einfach und ergaben nur eine geringe Menge des begehrten Metalls. In einer kleinen Erdmulde entfachte man ein starkes Feuer. Wenn die Glut heiß genug war, brachte man die Erze hinein, die man vorher zerkleinert und über einem schwachen Feuer geröstet hatte, um ihnen die Feuchtigkeit zu nehmen. Die Temperatur eines solchen Feuers war natürlich nicht groß genug, um das Eisen zum Schmelzen zu bringen. Sie genügte aber, um einen Teil des Eisenoxyds vom Sauerstoff zu befreien und es so weich zu machen, daß es infolge seiner Schwere nach unten sank. Am Grunde des Herdes bildete sich eine eisenreiche Schlacke, die das Metall in Körnern und Plättchen enthielt. Das war die «Luppe». Durch wie-

derholtes Erwärmen und Hämmern wurde die spröde Schlacke ausgeschieden, und man erhielt schließlich eine geringe Menge weichen, zähen Schmiedeeisens.
Diese einfachen Feuer, aus denen später niedrige Herde wurden, nannte man «Rennfeuer». Das Wort «renn» hängt mit rinnen zusammen und bedeutet soviel wie «flüssig machen». Ursprünglich lagen die Hüttenplätze möglichst nahe bei den Fundstellen des Eisensteins. Als die «Hüttenleute», meist nebenerwerbstätige Bauern, später die günstige Wirkung einer erhöhten Luftzufuhr erkannt hatten, wählte man als Standorte luftige Stellen auf Bergsätteln und vor allem höher gelegene, windzugewandte Berghänge, um den natürlichen Zug des stetigen Aufwindes auszunutzen.

Exkursion

An einem solchen Hüttenplatz zur Eisengewinnung stehen die Wanderer. Und dort, wo sich zu ihren Füßen der Talschluß zum Bachtal absenkt, wurde vor einigen Jahren bei Ausschachtungsarbeiten unweit der Asphaltstraße – von Gehängelehm über-

Tunnel und Fabrikreste zeugen von alter Industrie

deckt – der Rest eines «Schachtofens» freigelegt. Solche «Schachtöfen» waren die Weiterentwicklung der «Rennfeueröfen». Sie konnten bis zu 1,20 Meter hoch gebaut sein, wurden mit Holzkohle statt Holz beschickt, und zum Schüren des Feuers setzte man einen handbetriebenen Blasebalg ein. Das Ergebnis einer solchen «Schachtofenschmelze» war ein 15 bis 20 Kilogramm schwerer Eisenklumpen, der später wiederholt durchgeschmiedet werden mußte, damit daraus verwertbares Roheisen wurde. Als man im 13. Jahrhundert gelernt hatte, die Kraft des fließenden Wassers durch Wasserräder auszunutzen, erfuhr das Hüttenwesen einen gewaltigen Aufschwung. Es wurden nicht nur die Produktmengen erhöht und die Qualität gesteigert, sondern *Reidemeister*, die das Kapital zum Bau von «Wasserwerken» und «Hochöfen» bereitstellen konnten, lösten die vielen selbständigen Waldschmiede ab.

Dann stoßen unsere Wanderer noch auf einen Wasserfall. Besonders imposant ist er im Winter, wenn die Schneemassen abschmelzen.

So hat auch das Wasser seine kleine Wanderung in dem «Element Luft» gemacht.

Als die Mädchen und Jungen zurück in ihre Schule kommen, sind die meisten erschöpft. «Wie oft», fragt die Lehrerin, «sind wir heute mit der Luft in Berührung gekommen?»

«Ist mir doch schnuppe!» meint Johanna. Und Kalle ergänzt: «Ist mir doch Luft!»

«Aber schön war es doch!» Selbst Anne sagt das.

Nur FCKW zerstört die Ozonschicht

Washington – Durch mehrjährige Satelliten-Messungen haben Forscher der US-Raumfahrtbehörde NASA bestätigt, daß das Ozonloch über der Antarktis tatsächlich auf Fluorchlorkohlenwasserstoffe (FCKW) und nicht auf natürliche Faktoren wie Vulkanausbrüche zurückgeht.
Das Chlor, das aus FCKW von Spraydosen, elektronischen Systemen, Kühlaggregaten und Schaumstoffen stamme, sei für den Schwund der Ozonschicht verantwortlich. Und die Ozonschicht schützt die Erde vor gefährlichen ultravioletten Strahlen.
NASA-Forscher betonten, daß andere mögliche Ursachen, wie etwa vulkanische Gase, ausgeschlossen seien. Der wichtigste Beweis ist für die Experten der Nachweis von Fluorwasserstoff in der Stratosphäre, der beim Abbau von FCKW entsteht. Aus der Menge des Fluorwasserstoffes errechneten die Forscher den Chlor-Anteil in der Atmosphäre, der auf menschliche Einflüsse zurückzuführen ist. Es zeigte sich dabei, daß praktisch alles ozonzerstörende Chlor aus dem FCKW stammt.
Die gefährlichen Stoffe brauchen Jahrzehnte, bis sie in der Stratosphäre (der «Luft»-Schicht über der Atmosphäre) unter dem Einfluß von Sonnenlicht zerfallen und das Ozon angreifen. Experten erwarten, daß das antarktische Luftloch, das sich alljährlich im Frühjahr öffnet und später wieder schließt, noch bis zum Jahr 2000 auf dem gegenwärtigen Stand bleiben wird. Es hat bereits die Größe Nordamerikas erreicht.

(Nach: Kölner Stadt-Anzeiger v. 21.12.94)

Wer Windmühlen sät, wird Strom ernten!

Dieses abgewandelte Bibel-Zitat ist der Wahlspruch für die Wiedergeburt der Windmühlen. Windmühlen kennen wir doch nur noch von Holland-Besuchen her, diese herrlichen Getreide-Mühlen. Aber heute haben Windräder auch in Deutschland wieder einiges zu tun – sie sind im Aufwind.
Fast 1000 neue Anlagen werden im Jahr errichtet, und zwar nicht nur da, wo der Wind dauernd bläst: an der Küste. Auch auf Bergeshöhen – überall in Deutschland – findet man diese Anlagen. Ob sie schön anzuschauen sind – darin sind sich Fremdenverkehrsämter und Umweltschützer nicht einig. Aber muß etwas schön aussehen, wenn es nützlich ist und wenn man die Umwelt dadurch entlastet?
Windmühlen produzieren abgasfrei Strom, sie erwärmen nicht unnütz Flüsse, sind also eine durch und durch saubere Energie. Das Besondere ist, daß die Elektrizitätswerke den Windstrom, der über die Windmühlen erzeugt wird, abnehmen und in ihre «Speicher» einspeisen müssen.
Also lassen wir den Wind für uns arbeiten. Siebzehneinhalb Pfennig pro Kilowattstunde wird dafür gezahlt.
Aber:
Manche Umweltschützer fürchten heute sogar um das Leben von Zugvögeln und sehen auch niederes Wild in seinen Naturräumen gestört. Aber eine brauchbare Alternative ist es schon, das Windrad. Wenn auch wohl kaum ein großes Kraftwerk durch einen Windmühlen-Park ersetzt werden kann, Windenergieanlagen sind tatsächlich im Aufwind.

(Nach: Kölner Stadt-Anzeiger v. 23. 12. 94)

O Gott, Herr Pfarrer …

Manche Pastoren wollen weit hinauf. Eine bittere Bruchlandung erlebte aber ein Geistlicher, der mit seinem Flugschüler im Heißluftballon gestartet war. Ganz geschickt, wie schon oft geübt – schließlich hat «unser Pastor» sehr viel Erfahrung –, wollte der Mann in der schwebenden Kanzel weich auf das grüne Gras aufsetzen. Aber die Hülle sank auf ein Wohnhaus hinab und blieb an einer 380-Volt-Stromleitung hängen.

Info Umwelt

Dann ging alles sehr rasch. Die Hülle geriet in Brand, und die unmittelbare Nähe zur Stromleitung war doch sehr brenzlig. Feuerwehrleute mußten beim Bergen behilflich sein, und über eine Drehleiter wurden die «Ballöner» wieder auf festen Boden zurückgeholt.

«Das war eher ein Mißgeschick als ein Unfall!» kommentierte der Pastor. Denn der Ballon war in einen Luftwirbel geraten. Die Landung sollte auf der Wiese versucht werden, aber das Haus war dazwischen. Am Sonntag darauf stand der Pastor wieder auf seiner Kanzel in der Kirche, und er predigte: «Wer sich selbst erhöht, wird erniedrigt werden!»

(Nach: Kölnische Rundschau v. 21. 7. 92)

Zauberei mit dem Licht

Aufgabe

Nimm ein Marmeladenglas. Es wird unten nicht ganz glatt sein, sondern eine Wölbung aufweisen.

Lege jetzt eine Münze unter das Glas, und jeder hat den Eindruck, daß die Münze im Glas liegt.

In dem Glas ist aber nur Luft.

Das ist der erste «Trick». Denn du weißt es ja besser.

Wenn man nun aber Wasser in das Glas schüttet und den Deckel aufschraubt, hat man den Eindruck, das Wasser habe die Münze verschluckt.

Wie kann man dies erklären?

Durch ein leeres Glas gelangen die von der Münze kommenden Strahlen ganz direkt in unser Auge. Luft reagiert anders als Wasser. Denn im Wasser werden die Strahlen gebrochen und erzeugen einen silbernen Glanz. Die Münze scheint wie aufgelöst.

Luftballontanz

Der Raum sollte groß genug sein, damit sich alle Mitspielenden auch gut bewegen können. Ein großer Luftballon wird aufgeblasen. Alle stehen zusammen, und dann wird der Luftballon hochgeworfen. Er darf jetzt nicht mehr den Boden berühren. Wenn er es doch tut, muß derjenige ausscheiden, der dem Ballon am nächsten war, als dieser zu Boden ging.

Luft quietscht

Jeder hat das schon mal probiert. Beim Herauslassen der Luft aus einem Ballon quietscht es fürchterlich, wenn man das Ventil ein wenig zusammendrückt. Die Luft sucht sich mit Macht den Ausgang nach außen.

Vorbereitung zum …

Luftsprünge

Heiner macht 'nen Luftsprung,
zwanzig Meter weit,
sechs mal Eins im Zeugnis.
Hat der sich gefreut.

Hanne macht 'nen Luftsprung,
wie hat man geschaut;
über alle Berge
ist sie abgehaut.

Peter macht 'nen Luftsprung,
landet am Klavier,
alle Tasten klingen,
viele klatschen hier.

... Luftballontanz

Paule macht 'nen Luftsprung,
bleibt lang in der Luft,
zieht dann weg die Matte,
irgend so ein Schuft.

Kalle macht 'nen Luftsprung,
mit Fußball unterm Arm,
landet auf 'nem Ofen,
Mensch – was ist der warm.

Jule macht 'nen Luftsprung,
schwebt fast stundenlang.
Kommt sie nie mehr runter?
Den Leut' ist angst und bang.

Moritz macht 'nen Luftsprung,
man kann ihn kaum noch seh'n,
ganz hoch in den Lüften,
wer will das verstehn ?

Ayse macht 'nen Luftsprung,
fast bis zur Türkei,
lächelt zu den Leuten:
«Was ist schon dabei?»

Pietro macht 'nen Luftsprung,
wackelt mit den Ohr'n:
«Warum schau'n die Leute –
was hab'n sie verlor'n?»

Emil macht 'nen Luftsprung,
mitten auf dem Platz,
und die Abschlußrolle,
ist nicht für die Katz.

Nidil macht 'nen Luftsprung,
segelt langsam dann,
auf 'nen großen Dampfer,
der vorbei grad kam.

Harry macht 'nen Luftsprung,
schrieb für euch dies Buch,
woll'n wir jetzt mal landen:
«Ist ja auch genuch!»

Jetzt aber tief
Luft holen

Feuer – Erde – Wasser – Luft

Moment noch: Habe ich euch eigentlich schon das Spiel *Feuer – Erde – Wasser – Luft* erklärt?
Selbst wenn ihr es schon kennen solltet, es wird überall anders gespielt.

In einem großen Raum stehen alle Mitspielenden in der Mitte. Sie bewegen sich zu einer Musik, die plötzlich gestoppt wird. Der Spielleiter ruft zum Beispiel *Feuer*. Alle rennen zur Tür. Ruft der Spielleiter *Erde*, dann setzen sich alle ganz schnell im Schneidersitz auf den Boden.
Ruft der Spielleiter *Wasser*, versuchen alle, so rasch wie möglich einen Platz zu finden, wo das Wasser nicht hinkommt. Einen Stuhl zum Beispiel.
Und bei der *Luft* muß jeder Luftsprünge machen.

Alle Fotos: Knut Jähnert, Marienheide – außer:
Oberbergischer Kreis, Heimatbildarchiv, Nümbrecht (S. 58, 78–79, 129, 131, 133, 175, 185)
Archiv Wupperverband, Wuppertal (S. 177)
Archive König, Berges, Böseke, Marienheide (S. 57, 61, 63 rechts, 82, 100, 138–139, 156, 195, 205)

Abbildungen auf Seite 111 (Habitat © Moritz Egetmeyer, Kirchzarten)

Musik: © Ulrich Türk, Reichshof
© Robert Metcalf, Berlin

Die Textquellen sind an der jeweiligen Stelle aufgeführt. Sollte irrtümlich eine Angabe vergessen worden sein – bitte beim Verlag melden.

Register der Spiele, Experimente, Gedichte und Lieder

(In Klammern ist jeweils das Element angegeben:)

F = Feuer
E = Erde
W = Wasser
L = Luft

Spiel und Tanz

Geschichten

Exkursion

Zitate

Gedichte und Lieder

Infos und Aufgaben

Quiz

Experiment